世界名人非常之路

马可·波罗

从旅行世家走出的大探险家

卓德兴 ◎ 编著

中国社会出版社

国家一级出版社 · 全国百佳图书出版单位

"世界名人非常之路"编委会

写在前面的话

　　童年时代的夏夜，我和小伙伴们时常躺在家乡的草坪上，仰望着美丽的星空，偶尔还能看见流星划过，那时的欢呼与过后的惊诧至今仍历历在目。冬天的早晨，我们则常常流连于冰雪覆盖的小路，经常因堆雪人和打屋檐的冰凌锥而忘记了上学。当然，春天和秋天对于孩子们来说，更是大自然赐予最慷慨、最丰厚的时候。无论是春花的烂漫还是秋果的诱人，至今都是我心中最温暖的回忆。

　　随着年岁的增长，许许多多扑朔迷离的自然现象，构成了一个又一个神秘莫测的奥秘。自然界的事物不再只是心头美丽的驻足，而是慢慢地变成了诸多诱使我去探索的动力。幸好，学校的数、理、化、生物等课程给了我一些答案。但是，课本的知识毕竟十分有限，而阅读课外书籍给了我巨大的帮助。

　　在成长过程中，随着知识的增加，我的好奇心也越来越强，迫切地想要了解那些发明创造的过程和那些奇思妙想的主人。是谁捡到了那只证明了万有引力的苹果？是谁让漆黑的夜晚亮如白昼？是谁开启了工业时代的大门？又是谁让人类迎来了飞天的奇迹？是他们，站在科技前沿的科学家们，带着诸多疑问，不断地对我们生存的空间进行研究，渴求破译这充满超自然现象的世界。是他们一步步带领着我们进入科技时代。

　　茫茫宇宙中是否还存在其他智慧生物？如何科学地解释人体与自然的离奇现象？他们用不断探索的精神引领我们认知世界，辨别真伪。我们为他们的创造精神而感动，为他们的科研成果而骄傲，更为他们对人类的贡献表示由衷的感谢！

被逼"退学"的发明大王爱迪生，中国现代数学之父华罗庚，带给人类动力的发明家瓦特，太空探索的先驱者布劳恩，实验科学研究的先驱伽利略，为人类插上翅膀的莱特兄弟，放射性元素之母居里夫人……我们将这些科学家的故事汇集起来，编撰成册，希望能让读者朋友们全面了解他们的一生和那些与他们无法分离的伟大事迹，使大家从中有所收获。

就让我们一同走近这些科学家，了解他们发明创造背后的故事，让他们的成长历程启示我们；让他们的挫折坎坷激励我们；让他们的灵感火花指引我们，让我们站在巨人的肩膀上，走向更高的目标，实现更伟大的理想！

"世界名人非常之路"大型系列丛书之"科学家成长之路"篇，就是这样一套专门拓展中学生科学视野，提高科学素养的图书。让我们沉醉于神奇、瑰丽的大千世界之中，感受科技的强大，伟人的魅力，从而启迪智慧，丰富想象，激发创造，培养青少年热爱科学、献身科学的决心，以及热爱人类、保护环境的爱心。

丛书紧密结合当前中学教材中涉及的历史名人，以及物理、化学、生物、地理、天文、材料、医学、能源、环境、航空航天等多方面的科学知识。在这里，科学家的成功不再神秘，愿科学家的成长之路能够成为你开启成功之门的金钥匙。

年轻的朋友们，让知识为你们的梦想插上科学的翅膀吧！

人物简介

生卒与经历

马可·波罗（Marco Polo，1254~1324），世界著名旅行家和商人。1254年生于意大利威尼斯一个商人家庭，也是旅行世家。他的父亲尼科洛和叔叔马泰奥都是威尼斯商人。

1271年，马可随父亲和叔叔，奉教皇格里戈里十世之命，再度开始了东方之旅。历时4年多于1275年到达蒙古帝国的夏都上都，即中国内蒙古自治区多伦县西北，与大汗忽必烈建立了友谊。他在中国游历了17年，曾访问当时中国的许多古城，到过西南部的云南和东南地区。

1291年，尼古拉、玛杜和马可得到一个天赐良机，他们借护送阔阔真公主远嫁波斯之际得以返乡。1295年，他们终于回到了阔别25年的威尼斯。

回到威尼斯之后，马可·波罗在一次威尼斯和热那亚之间的海战中被俘，在监狱里口述旅行经历，由鲁斯蒂谦写出《马可·波罗游记》。

1324年，马可·波罗病逝于家中。他为人们留下了一部不朽的名著——《东方见闻录》，即《马可·波罗游记》。

成就与贡献

元朝时中外交往很频繁，马可·波罗在元世祖时来华，居住了十

多年。《马可·波罗游纪》的主要内容是关于马可·波罗在中国的旅游纪实，兼及途经西亚、中亚和东南亚等一些国家和地区的情况。

全书以纪实的手法，记述了他在中国各地，包括西域、南海等地的见闻，记载了元代初期的政事、战争、宫廷秘闻、节日、游猎等。尤其详细记述了元大都的经济文化、民情风俗，以及西安、开封、南京、镇江、扬州、苏州、杭州、福州、泉州等各大城市和商埠的繁荣景况。

该书第一次较全面地向欧洲人介绍了发达的中国物质文明和精神文明，将地大物博、文教昌明的中国形象展示在世人面前。

《马可·波罗游记》是欧洲人撰写的第一部详尽描绘中国历史、文化和艺术的游记。16 世纪意大利收藏家、地理学家赖麦锡说，马可·波罗在 1299 年写完《游记》，"几个月后，这部书已在意大利境内随处可见"。

在 1324 年马可·波罗逝世前，《马可·波罗游记》已被翻译成多种欧洲文字，广为流传。现存的《马可·波罗游记》有各种文字的 119 种版本。

《马可·波罗游记》对把中国文化艺术传播到欧洲具有重要意义。西方研究马可·波罗的学者莫里斯·科利思认为：马可·波罗的《游记》"不是一部单纯的游记，而是启蒙式作品，对于欧洲人来说，无异于振聋发聩，为欧洲人展示了全新的知识领域和视野。这本书的意义在于它导致了欧洲人文科学的广泛复兴"。

❧ 地位与影响 ❧

《马可·波罗游记》记述了马可·波罗在东方最富有的国家中国的

见闻，激起了欧洲人对东方的热烈向往，对以后新航路的开辟产生了巨大的影响。同时，西方地理学家还根据书中的描述，绘制了早期的世界地图。

马可·波罗的中国之行及其游记，在中世纪时期的欧洲被认为是神话，被当作"天方夜谭"。但《马可·波罗游记》却大大丰富了欧洲人的地理知识，打破了宗教的谬论和传统的"天圆地方"说。

同时《马可·波罗游记》对15世纪欧洲的航海事业起到了巨大的推动作用。意大利的哥伦布、葡萄牙的达·加马、鄂本笃，英国的卡勃特、安东尼·詹金森和约翰逊、马丁·罗比歇等众多的航海家、旅行家、探险家读了《马可·波罗游记》以后，纷纷东来寻访中国，打破了中世纪西方神权统治的禁锢，大大促进了中西方交通和文化交流，也给欧洲开辟了一个新时代。

《马可·波罗游记》对东方世界进行了夸大甚至神话般的描述，更激起了欧洲人对东方世界的好奇心。这又有意或者无意地促进了中西方之间的直接交往。从此，中西方之间直接的政治、经济、文化的交流的新时代开始了。

《马可·波罗游记》直接或间接地开辟了中西方直接联系和接触的新时代，也给中世纪的欧洲带来了新世纪的曙光。

《马可·波罗游记》打开了欧洲的地理和心灵视野，掀起了一股东方热、中国流，激发了欧洲人此后几个世纪的东方情结。

目录

马可·波罗

故乡的岁月

如果儿子对父母怠慢无礼或在必要时不承担赡养父母之责，那么，这就要由一个公堂来严惩这种不孝之罪。

—— 马可·波罗

父辈与中国结缘

意大利半岛就像长筒皮靴一样伸入地中海，它的东岸就是皮靴顶上的一个小点，那就是号称"水上都市"的威尼斯，是当时欧洲贸易的中心。

1254 年，马可·波罗就出生在这里。

马可的家族在威尼斯并不是显赫的贵族。关于其家族的谱系，历来有三种说法，比较可靠的是波罗家在 11 世纪从达尔马希亚的塞伯尼克移居威尼斯。

威尼斯是意大利古老的商业城市。从 12 世纪起，威尼斯的政权便为商人贵族集团所把持。到了 13 世纪，地中海成为欧洲南北两大商业区之一，而意大利的威尼斯、热那亚、比萨等城市，则又是地中海商业的中心。这些城市与东方的城市，成为了贸易的枢纽，其中又以威尼斯的地位尤其重要。

在中世纪的大部分时期，东方的生产技术比欧洲先进。欧洲人对于中国、印度和西亚的特产都很珍视，所以商人愿意从东方输入丝绸、珠宝、首饰等名贵物品，从中获得巨大利润，同时又把西欧各地某些手工业品运输到东方。

1237 年，蒙古拔都率领大军第二次西征。蒙古铁蹄使整个欧洲为之震动。西方听说在中国有个长者约翰的故事，于是罗马教皇就想用宗教的力量来阻止蒙古人的侵略。

当时就有一些西方人来中国旅行了。首先是意大利的旅行家柏朗嘉宾，他是一个方济会修士。1245 年，柏朗嘉宾被派出使蒙古。1246 年 7 月他到达了和林，即今蒙古人民共和国鄂尔浑河上游东岸哈剌合

林，11月动身回国，1247年初回到法国里昂。

1248年，法国路易九世又派遣多明会修士隆如美到和林以示友好。

1252年，路易派方济会修士罗伯鲁等人从陆路到达和林，当时元宪宗蒙哥大汗刚刚即位一年。他们在和林住了8个月，又沿原路回国，当时蒙古已经发动第三次西征。

1253年，小亚美尼亚国王海屯亲自到和林来向蒙古大汗朝贡。

1259年，大汗蒙哥突然去世，其弟忽必烈与阿里不哥之间爆发了一场争夺汗位的长期战争，海都乘机称雄割据，察合台后王依违于两者之间自行其是，通往东方的道路已经几乎中断了。钦察汗国君主别尔哥对于这场大汗谁属之争没有什么兴趣，这时他的注意力集中在高加索地区，而伊利汗国君主旭烈兀对此也是垂涎已久。

1260年，马可的父亲与叔叔尼古拉和玛杜兄弟两人正在君士坦丁堡，即今土耳其首都伊斯坦布尔经商。当时，从欧洲到东方，主要是通过地中海东部，一条路经过红海过亚丁湾后直达印度；另一条路从地中海东部登陆，取道阿拉伯到巴格达，到巴格达后，一道向南出波斯湾向印度，一道向东经地木鹿城去中国。

另外还有一条路，就是经过达旦尼尔海峡和君士坦丁堡，航行黑海。而波罗兄弟当时就在由这条路过黑海至克里米亚半岛进行贸易。

他们的生意一直做得不错，就想继续往前走，神秘的东方会带来更大的利润。那时正是鲍尔温二世当君士坦丁堡皇帝的时候，威尼斯共和政府还派了一名代表常驻在君士坦丁堡，那里完全是威尼斯的天下。

当年，波罗兄弟自备了一艘商船，很顺利地到达了君士坦丁堡，经过长时间的考虑，准备渡过黑海，到克里米亚半岛去。尼古拉采办了许多货物和美丽的珠宝，起锚出航了。

没想到，热那亚人和尼西亚皇帝夺回了君士坦丁堡，奇迹般复兴了拜占庭帝国，威尼斯人的通商特权一下被剥夺了。

后来他们到达一个叫索尔得亚的港口，然后骑马走了好几天，到了位于伏尔加河畔的城市萨拉，这是鞑靼人强大的钦察汗国的都城。当时别尔哥汗正在城中驻跸，他对两位远方来的游客表示极为欢迎，给予了隆重的接待。

他们就将自己带去的珠宝献给了别尔哥汗，别尔哥对这些威尼斯风格的珠宝首饰爱不释手，对于他们的慷慨非常惊讶和赞赏，结果又赏赐给了他们两倍于献礼的宝物。

1262 年，在西方的别尔哥和旭烈兀这两家蒙古统治者之间爆发了激烈的战争，波罗兄弟恰好赶上了这场战争，战乱使得波罗兄弟俩束手无策。

很巧，有位当地的商人知道另一条路可以直达君士坦丁堡。他们就由乌克尔市渡过窝瓦河，横过里海和盐海之间的沙漠南下，用了 17 天的时间来到中亚的大都市布哈拉城。因为战争还没有结束，他们只能耐着性子等待。

有一天，在驿站里，他们正好碰到了伊利汗国君主旭烈兀的使节，他奉命去元朝晋见元世祖忽必烈。这位使节在布哈拉看到西方人，非常吃惊，他竭力鼓动波罗兄弟去元朝，说忽必烈大汗很喜欢和西方人交朋友。

从威尼斯一直跟随兄弟俩的几个仆人都愿意往东方去。他们很艰难地走了整整一年，1266 年，终于见到了忽必烈大汗。

当时出乎尼古拉兄弟俩意料之外的是，忽必烈不像别尔哥那样对他们的礼物表现出多大的好奇之心，他非常详细地询问了西方各国和罗马基督教的情况，以及地中海的争霸，西方人是怎样治国和打仗的。

忽必烈对教会的作风、拉丁人的风俗习惯同样表现了极大的兴趣，波罗兄弟受过一定的教育，他们简明准确的回答显然使忽必烈非

常满意，而且忽必烈对波罗兄弟流利的蒙古语感到惊讶。

忽必烈对他们说："你们可以到各处去参观参观。我这个国家很大，你们商人或许会看到很多有趣的事情和东西。"

波罗兄弟做梦也没想到会到这个新国家来，非常兴奋。东洋的奇珍异宝，历来都是由撒尔逊人或阿拉伯人从中国运到君士坦丁堡，再由威尼斯商人转手把它们输入欧洲。现在开辟了从中国直接输入的途径，那真是意外之喜。

有一天，波罗兄弟听说忽必烈要派遣使节拜访罗马教皇，就前来请求说："听说大皇帝要派遣使节去西方，我们愿意担任向导。"

忽必烈沉吟了片刻，果断地命人用蒙文给罗马教皇写了一封国书，并说他准备任命他们为访问教皇的专使，陪同一名特使立即出发。

忽必烈说："你们除了送信之外，同时要请求教皇选派100名既通基督教教义，又熟谙修辞学、逻辑学、语法学、数学、地理学、天文学、音乐等七艺的学者；你们返回复命时，带一点耶路撒冷耶稣墓前的长明灯中的圣油回来。"

尼古拉说："好的，那我们就赶快回欧洲去，请求教皇办理。"

为了保证他们行程的安全，忽必烈特意赐给他们一块刻有大雕符号的金牌，凡持有这种金牌的人和他的所有随行人员，在元朝境内，一切地方官吏都必须保证他们的安全，按站护送；他们行程所经之地，无论大小城镇、寨堡村庄，都必须保证供应他们的一切必需品。

1266年，经过了充分的准备之后，波罗兄弟和特使及随行人员起程了。谁知出发后不久，特使柯嘉达身染重病不能前行。

波罗兄弟进退两难，在这一筹莫展之际，他们与使团其他人商量。最后商议的结果是，波罗兄弟俩接过特使的任务，告别其他人，踏上了回乡的路途。

听父亲讲述中国

8月，一个周末的中午。

虽然没有烈日当空，但低低的云层似乎将闷热的空气罩在了威尼斯的上空。树叶懒懒地耷拉着，平日在空中翱翔的鸽子也不知躲到什么地方去了。街上行人寥寥无几，整个城市仿佛都睡着了。只有教堂附近传来的阵阵呼喊，打破了浓浓的沉寂。原来小巷子里一群半大小子分成两拨，每人手拿一根木棍作为长剑，正杀得昏天黑地。

马可手叉着腰，大声命令着自己这一边的小伙伴们。马可正打得酣畅淋漓之际，忽听背后有人在叫他的名字，他一个分神，对方的木剑直劈下来，正好敲在脑袋上。马可也顾不上还击，回头一瞧，原来是姑父。

马可乖乖地放下手中的木棍，跟着姑父往家走去。姑父没有像往常一样教训他几句，只是闷头走路。马可心里忐忑不安，不时偷偷地瞄上一眼姑父，试图从他的脸上找出什么答案，可惜一无所获。无言的沉默，随着家门的临近，变得越发沉重起来。

到了家门，马可一下愣住了，姑妈正站在家门口。他几乎想转身逃走，可是姑妈并没有责怪他，只是冲他做了个手势："孩子，你进来。"

马可一边走着一边解释说："姑妈，我——我在试验我那艘船。"

姑妈没有答话。马可跟着她一直走进厨房，料定她转过身来就要责骂他，但是她一直没有出声。

姑父站在壁炉旁边，有两个陌生人跟他站在一起，40多岁，衣服很破旧。其中一个坐在桌子边，高高瘦瘦，皮肤晒得黝黑，蓝眼睛像马可的一样漂亮。另一个坐在火炉旁边的椅子上，身体魁梧健壮，灰色的胡子剪得短短的。

两个人看到马可进来，就一直盯着他看。马可被盯得不知所措。

姑父向前走了两步："喂！马可，你爸爸回来了！"

马可一刹那觉得自己的心跳都停止了，他简直不敢相信自己的耳朵，然后，他向坐在桌边的那个人跨出了一步。那人笑了笑："哦，不，我是你叔叔玛杜，那个才是你父亲。"

马可转身面向火炉边那个健壮的人，那人也正站起身来。尼古拉是个感情不轻易外露的人，望着儿子，一时觉得不知所措。

马可一下子扑到父亲的怀里，他的鼻子酸酸的，只是不停地轻声说着："哦，上帝啊，终于回来了。"

由于波罗兄弟带着忽必烈的金牌，沿途省去了很多的麻烦。但是，恶劣的自然环境给他们制造了巨大的困难，严寒、风雪、洪水，让他们疲惫不堪。一共花了 3 年的时间，才到达了亚美尼亚的海港城市来亚苏斯。

当波罗兄弟刚到达巴勒斯坦北部沿海城市阿克城，就听到教皇克莱门特四世已经于 1268 年去世的噩耗。他只好去找在阿克城内的教皇派驻巴勒斯坦的特使特巴尔多·威斯康德。

威斯康德非常仔细地听取了波罗兄弟的报告，他既兴奋又有几分无奈。兴奋的是这个消息对于基督教国家来说无疑意味着一个很有利的机遇；无奈的是新教皇即位，起码得等上相当一段时间。如果没有教皇的许可，这件事就无法进行下去。

于是，威斯康德劝波罗兄弟先回到威尼斯，静候新教皇的诞生。"你们最好在这里等等选出新教皇以后再说。这不会耽搁太久的。"

兄弟俩回到家以后，才知道尼古拉的妻子已经去世了，留下了一个儿子马可·波罗，已经15岁了。

几个小时之后，马可就和叔叔非常亲热了，玛杜对侄子非常和善，一直带着笑摸着马可的头。

不过马可也知道，为什么人家说起父亲的时候总是满怀敬意，因为父亲显然是旅行团队的首领，他天生具有指挥才能，镇定从容，精明强干。

姑父姑妈看到尼古拉回来了，就自动地搬出了大卧室。马可心里充满了欢喜，但这时，他却发现了父亲处理这件事的另一面。

尼古拉问道："姐姐，你们做什么？"

姑妈说："哦，现在你们都回来了，再不用我们在这儿了。"

尼古拉与玛杜交换了一下眼色，然后说："姐姐，你这十多年来，照顾着我的儿子，照料着这个家，太不容易了。现在这里也是你的家，而且我们都需要姐姐你来替我们照管，没有你怎么行呢？"

"不，这是应该的，谁让我们是姐弟。你们回来了，该有一个自己的家，难道还没漂泊够？我们也有自己的家，这样不好吗？"

尼古拉恳切地说："那你们再住几天，大家聚聚，我还有点东西给你们。"

那许多的货包、板条箱和大箱子从码头整整往家运了一上午。堆满了大大的客厅。

尼古拉走到一只最大的箱子前，打开一看，连姑父都惊讶得张大了嘴巴，里面都是上等的丝绸、亚麻布、精美的棉布和一种纤细而透明的薄纱。

尼古拉指着说："姐姐，这些东西我本来打算给马可可怜的妈妈的，但是，现在，全部送给你和你的女儿吧！"

姑妈和表姐吉珂尼玛见到这些精美的衣料，不禁惊叫了一声。

马可这时问父亲："爸爸，这是哪里来的东西？"

尼古拉简单地说："波斯和中国。"

马可迷惑地问："中国？"

叔叔解释说："哦，就是我们这儿称为'震旦'的国家。"

马可瞪大了眼睛：震旦？原来他们真的到过那里，那块拥有巨大财富的国土？

玛杜从另一个箱子里拿出一只鹿皮口袋，解开往桌上一倒，就像喷出一道闪光的瀑布：红宝石、绿宝石、钻石、黄玉和紫水晶。这些东西落到暗色的桌子上，闪着神秘的光芒。

全家人都围拢在一起观看，姑妈和表姐不由自主地伸出了手。玛杜笑着说："不要紧，你们随便挑一颗，送给你们的。"

马可却没有和别人一起挑选宝石，他慢慢退出了人群。尼古拉正注视着儿子："孩子，你想要什么？"

"爸爸，我什么都不要。"

尼古拉赞许地点了点头。

晚饭后，尼古拉把马可叫到跟前，详细问他的生活、爱好和学习情况。最后他问："孩子，你妈妈……她向你说过我吗？"

"几乎每天都要讲。她病了很久，一直盼着你的信。"

尼古拉喝了杯酒，重新斟满，看着儿子说："嗯，我不喜欢写东西，除非是记记账……我很震惊她的去世，她是一个好女人。"

马可这时才问："你们走了多远？有多少里？"

"很难说有多少里。我们走了3年才到达那里，回来用了更久的时间。你不知道，半路上时常碰到下大雪、涨大水，有时遇到战争，有时又必须穿过沙漠。"

"到了什么地方？"

"大汗的朝廷。"

马可说："听神父们说，那些蒙古人和异教徒都是野蛮人，就像野兽和恶魔。"

"他们没有到过那里，又怎么会知道？"

马可开心地笑了："这些年我一直都梦想着震旦，就是你们说的中国。但它到底是什么样子呢？"

叔叔插嘴说："和其他国家一样，只是比你所能想象的任何国家都要更大、更富饶。"

马可继续问道："那你们能从这么远平安回来，可真是万幸了？"

玛杜对侄子说："因为忽必烈皇帝是世界第一等的大皇帝，因为他给了我们这个，所以能够几千千米都平平安安。"

说着，玛杜从衣袋里掏出一块金牌，递给马可。

玛杜说："我平时就把它挂在脖子上。它的价值倒不在于黄金的重量，这是大皇帝颁发的特别通行证。我们无论到了什么地方，只要拿出这个金牌给他们一看，凡是我们所需要的东西，无论是马匹、骆驼、军队、粮食等，他们都会立刻筹办。距离大皇帝都城 5000 千米远的驿站官员，一看到大雕金牌，立即服从命令。由此你就可以知道大汗的命令是如何威严了。"

马可忽然问道："妈妈说，你们是为了发财才去那儿的。"

尼古拉说："不错，我们的确发了财，虽然有大部分财富都留在了东方。"

玛杜补充说："是啊，大汗让我们一定回去。尽管半路上又被强盗掠去了一半，但我们仍然算是收获颇丰。"

尼古拉对儿子说："马可，我们去的时候是普通商人，但现在是大汗特使的身份。我们将要去拜谒威尼斯的元老院和总督。"

渴望重返中国

波罗兄弟的回来，在威尼斯引起了不小的轰动。可以肯定地说，整个威尼斯从古至今还没有人到过中国。尤其是波罗兄弟华丽的丝绸服装对于人们的吸引力，恐怕不下于人们对神父的关注。马可从小到大没有享受过如此众多羡慕的目光，到后来他都有点不自在了。

很多认识的和不认识的人把波罗兄弟团团围住，七嘴八舌地提出各种各样的问题。

在以后的一段时间里，波罗家快成了威尼斯城的社交中心了，无数的亲朋好友或是自称是亲朋好友的人纷纷登门，一来是欣赏他们带来的种种奇珍异宝；二来是听他们讲旅途见闻，到后来，马可对他父亲和叔叔的种种描述都快倒背如流了。

有一天早上，尼古拉突然对马可说："我和你叔叔要到元老院去，大汗希望和我们通商，希望和我们友好相处。我们为什么不抓住这次机会呢？"

马可一听，闹着也要去，但被尼古拉严厉地制止了："这是国家大事，你这么小年纪去干什么？"

马可只得耐心地在家等候，直至午后，尼古拉和玛杜才蹒跚而归。两人一脸的沮丧和愤怒。

一进家门，尼古拉就愤愤地说道："我今天才知道，威尼斯居然是被这么一群笨蛋统治着。"

玛杜则在一旁长吁短叹。

马可小心翼翼地问道："难道元老院不同意吗？"

尼古拉气愤地说："大主教和元老院拒绝了大汗的诚意，他们竟然口口声声说，如果和那些野蛮的异教徒进行大规模的通商和交往，必然会导致普遍的贪污，并腐蚀和毒害基督教徒们的灵魂。这真是胡扯，他们就不会睁开眼睛看看世界吗？我跟他们说：成吉思汗的时代早就过去了，只是欧洲似乎还留有这种想象。而忽必烈是个爱好和平的人，他有文化。"

玛杜接口说："但是坐在大主教旁边的威尼斯总督罗伦佐·迪坡罗却说，事实上，忽必烈征服的疆土比他的祖父更多了3倍。"

尼古拉说："我告诉他们，我们这次回家的路上，恰恰是到了所谓文明的世界才遭到了抢劫。而在到达所谓文明世界之前，我们走了千万里路，什么武装都没有，只靠大汗皇帝给我们的一块金牌，就畅通无阻。

"我们解释了很多，大汗只是想加强东西方的经商贸易。最后大主教提高了嗓门说：欧洲的许多君主，教会的许多领袖，不是想通商，而是正在召集十字军，要把蒙古人在世界上造成的灾难永远扫除干净！他们不久就要在十字军面前瑟瑟发抖了。"

玛杜说："我当时气不过，也大声警告说：主教大人，这个蒙古帝国比亚历山大帝国要大10倍，从俄罗斯和波斯延展过去，经过印度，直达中国最远的海岸。整个意大利只不过相当于蒙古帝国的一个最小的省份。这样，他们才沉默了些。而这时你父亲也说：周围世界都生活在蒙古帝国的庇荫之下，一旦遭到攻击，大汗皇帝就会派几百万人上战场。我为威尼斯而战栗，为欧洲而战栗，要是欧洲的首领们愿意去惹他发怒的话。"

马可担心地问："后来呢？"

尼古拉说："后来大主教说：'凡是敌视真正的唯一上帝者，神圣的基督教会都坚决反对和他们订立条约或进行商务交往。'我就回答他说：'主教大人，忽必烈皇帝非常渴望学习基督教教义呢！'大主教显得很兴奋，问我是不是忽必烈皇帝愿意皈依基督教。而事实上忽必烈皇帝对回教与佛教都有所了解。大主教听我这么说，竟然说：'这是一个野蛮人的必然标志！'"

尼古拉接着说："我向主教说：'我们的使命不仅是到威尼斯来，还要到罗马教皇陛下那里去。大汗请教皇派 100 名教会里的博士去，要学问渊博的。他要举行一场大辩论，如果我们的人胜利了，这就向他证明，我们的宗教才是真正的宗教。'"

马可说："是啊，这样很好啊！"

玛杜生气地说："可是大主教却说：'这只不过是一个东方人的诡计，想使基督教的代表们丢脸，想嘲弄他们，强迫他们放弃自己的信仰！这是魔鬼的计划，想要消灭基督教会！'我向他说：'假如教皇陛下同意呢？'他却讥讽说：'那是不可能的。罗马现在没有教皇。红衣主教的秘密会议已经开了 3 年，一直要为已故的教皇陛下选举一位继承人哩。'"

马可建议道："也许你们可以警告他们一下。"

尼古拉皱皱眉头说："警告什么？"

"说说关于其他宗教的事。比如说，相信和追随这些异教的有几百万人。如果你能说明……"

尼古拉瞟了他一眼："我哪知道什么异教不异教?!"

马可冲口而出："当然了，你在那里住了这么多年，什么都看不见，眼睛只盯着你的账本……"

尼古拉一下被激怒了："小子，说话小心点！当心我打你嘴巴！"

马可住嘴了。他心里充满了委屈：父亲在异域那么多年，肯定遇到了很多与故乡不同的风土人情和历史背景，但他却从来不关心这些，只过问与他们经商有关的事。

马可听父亲招呼叔叔准备出发，就问："你们又上哪儿去？"

叔叔说："去维泰博，红衣主教正在那里召开秘密会议，我们要等新教皇一选举出来就去觐见。"

马可立刻说:"我也和你们一块去。"

尼古拉却说:"不行,你还是别跟着了。"

马可大声说:"你既然回来了,那以后你到哪里我也跟到哪里!"

尼古拉不由一愣:"谁跟你这么说的?"他看到儿子伤心的样子,缓了缓语气说:"先在家等着,也许这些天姑父有事让你帮忙,等我回来再说。"

一直过了好几个星期,兄弟俩才回到家里,他们显得更加焦躁不安。尼古拉生气地说:"纯粹是一出滑稽戏。3 年时间选不出一个教皇……我们竟然找不到一个人可以递交特使证件。"

然而,两天后,一个市政官员神秘地来到他们家,通知波罗兄弟立刻去见总督,他还警告他们,不得向任何人说起此事,也不得让别人看到他们曾去过总督官邸。

总督的官邸就在圣马可广场旁,毗邻着圣马可教堂。波罗兄弟被那位市政官员悄悄地领进了会议室,此刻已是临近午夜了。

分叉的枝状大烛台洒下一片片融融的烛光,几排高靠背椅整齐地排列着。波罗兄弟刚刚坐下,一个小边门悄无声息地开了,身材高大的总督罗伦佐·迪坡罗走了进来。兄弟俩急忙站起来,迪坡罗挥了挥手,示意他们坐下,他自己走到正中的一张大靠背椅前,轻轻地坐下。

那个市政官员转身退了出去,关上了房门。

迪坡罗直截了当地说:"我对你们在元老院的遭遇表示同情。我想你们知道为什么要秘密召见你们。我比你们更了解大主教,他是个好人,当基督教不断受到威胁时,他很恐惧,当然也很谨慎。我同样也如此。你们是商人,世界上发生的一系列大事未必知道得很清楚。"

迪坡罗简要地为波罗兄弟俩讲述了当时的情况:

蒙古曾经前后发起两次大规模的西征,尤其是 1236 年至 1242 年的第二次西征,给整个欧洲带来了巨大的震撼。

蒙古铁骑横扫东欧，势不可当。

俄罗斯诸公国如乌拉基米尔、斯摩棱斯克、加里西亚、基辅等，全部臣服于蒙古帝国。东欧各国中，只有极少数的国家，如波兰、匈牙利、塞尔维亚未受到蒙古的统治。

1241 年，蒙古军队长驱直入，攻到了匈牙利和德国边境，大败西欧联军。神圣罗马帝国处于一片惊慌之中，教皇极度不安地注视着局势的发展。

所有的人都认为这些野蛮人是来消灭基督教徒的，神圣罗马帝国的腓特烈二世专门写信给英国国王亨利三世，恳请他出兵相助。万幸的是，窝阔台在此时突然去世，蒙古军队停止了进攻。但欧洲人仍然心有余悸。之后的罗马教皇英诺森四世就采取了积极的反蒙古政策，预防蒙古再度入侵。

迪坡罗接着轻声地说："你们现在应该明白教会为什么会有如此激烈的态度了吧！但是，我的职责和他们不同，也要比他们重得多。威尼斯有很多朋友，也有很多敌人。为了共和国的安全和繁荣，我们需要金钱。

"想当初，威尼斯人曾高举十字架，为圣地而战，像特里尔、迈克尔、多得尼柯等许多总督都曾率领过威尼斯十字军和撒拉逊人战斗过。但是，现在我们照常和撒拉逊人经商，因为这并不矛盾。可我需要得到全部的真实情况，不要隐瞒。这就是我请你们来的原因。"

波罗兄弟毫无保留地向总督介绍了他们东方之行的所有情况，迪坡罗默默地听着。尼古拉最后说："尊敬的总督，我敢肯定地说，大汗是尊重我们的宗教的，他是真心诚意的。而且也请大主教相信我们，大汗能够帮助教皇重新夺回基督的圣墓！"

总督带着他们，缓缓穿过宫殿般的房间和回廊，不停地走动，以防被人偷听。他注视着他们，轻轻地然而却是斩钉截铁地告诉波罗兄弟："告诉你的大汗，威尼斯共和国重视他的友谊，这请他放心。但是你要明白一点，大汗交给你们的使命，没有教皇的同意是不可能办到的。现在你们要做的就是耐心地等待，等待维特堡枢机主教会议产生一位新的教皇。"

尼古拉说："在阿克的时候，教皇代表特巴尔多·威斯康德也是这么对我们说的。"

迪坡罗微笑着说道："他是对的，这很明智。"

玛杜显然很不放心："如果没有结果怎么办？"

"不可能没有结果。但是如果等待时间过长，我要求你们马上回去见大汗。因为如今撒拉逊人的力量不断壮大，而欧洲的王公贵族为了自身的利益不愿意再组织一支十字军。圣地和地中海东部早晚会落入撒拉逊人的手中，所以你们不能在这里滞留太久。红衣主教互相吵嘴，上了皇帝与国王们的当，这是整个基督教世界的耻辱。"

尼古拉犹豫着说："大人，请原谅，我怕大汗看见我们独自回去，没有带回教皇的博士，他会发怒的。他正盼望着教皇派博士们去呢！我们再等一段时间不是更好吗？"

总督坚定而坦率地说："不！等整个东地中海落入撒拉逊人之手，我们与东方帝国的接触就完全没有希望了。凡是要做的，必须马上行动。愿上帝与你们同在。为了威尼斯，为了圣马可。"

波罗兄弟站起身，向总督鞠了一个躬，退出了会议室，兄弟俩来到广场上时，东方已呈鱼肚白色，一抹朝霞轻柔地抹在天空，整个城市仍在睡梦中。新的一天，希望的一天，又要开始了。

漫长的等待，是对人精神的一种考验。好在尼古拉和玛杜有足够的事情让他们去操心。兄弟俩整天忙于推销他们带回来的各种货物，马可跟着他们，奔前跑后，倒也觉得生活很是充实。

波罗兄弟一直在威尼斯耐心地等待了两年时间。而马可也已经茁壮成长为一个 17 岁的大小伙子了。

但是等待教皇的决定一直都没有结果。

起程东行

1271 年，马可已经 17 岁了，他和菲亚做梦都想到中国去。

有一天，马可拿着一根树枝在地上比画着，一边对菲亚说："这就是意大利地图，再向这边就是地中海。这儿有许多小岛，经过这些小岛再往东，就到了君士坦丁堡，爸爸在那里有个分店。"

然后，马可又走了好几步，在远处画了一个大大的圆圈。"从这里向东，就是忽必烈大王的疆土了。不过，还要向前，经过这么多山、这么多河，还有沙漠、溪谷……过了大海、大洋，再继续向前，拼命向东方前进。"马可已经把地上画得乱七八糟了，"喏，这才到达了中国。你看有多大啊！"

这时，尼古拉和玛杜一边说着一边从院子里走了过去："好吧，玛杜，就定在 10 天以后出发。"

晚上，吃完了晚餐，大家照例又坐在桌旁聊天，尼古拉用手指轻轻地敲着桌面说："虽然新教皇还没有选出来，但我们不能再等了，别忘了我们的使命，如果我们耽搁得太晚了，就好像是放弃了我们的使命一样，忽必烈大皇帝不知道要怎样处罚我们呢！总之，非要再回到中国去一趟不可，去向大皇帝报告，因为等待教皇选举，所以耽搁了这么久。要不还是先到阿克去，听听教皇代表的意见再作决定，你看呢？"

玛杜也说："好吧！"

一听他们要走，继母和婶婶都很不高兴。尽管兄弟俩大谈东方的美丽与富饶，可是漫长旅途的艰辛、危险让她们不寒而栗。最终她们勉强同意，但仍一再提出，要他们一定要尽早回来。

马可高兴得简直像过圣诞节一样，他很郑重其事地向父亲和叔叔提出来要一起去东方："爸爸，你可以少雇一个人，我也能照料马。而且父子同路也是理所当然的。"

尼古拉用一种不容置疑的语气说道："不！你留在家里，家里需要人照顾。"

马可哀求道："爸爸，你答应我吧！留在威尼斯我又能学到什么？如果有困难就畏缩不前，这样的人是不可能成功的。这也是你平日经常教导我要求我的。家里有母亲和婶婶，还有姑妈他们，多了我不见得就帮上多大的忙。爸爸，这是个千载难逢的机会，对我的一生来说，不知有多重要。求你了。"

玛杜听了，笑着点点头，尼古拉显然有点动心了，他从马可身上，依稀看到了自己的影子。

马可力图打消父亲最后的疑虑："爸爸，我不会成为你们的累赘，我都17岁了，自己可以照顾自己。"

尼古拉大声说："不要跟我说这些。你跟菲亚不一样，我知道你不想做商人，很好，你可以做个学者、律师、教士，随便做什么适合你的工作。但是，要同我们一道去中国，那不可能。"

马可急得快哭了："为什么？我这么多年来等着你，盼着你，祈祷你回来，你就这么残酷地对待我吗？"

尼古拉看着儿子，努力控制住心头的激动，冷静地说："因为你不适合于这样的长途跋涉！这种远程跋涉需要专门的训练，而你恰恰缺少这种训练。"

马可坚持道："我可以学嘛！"

尼古拉不耐烦地说："玛杜，你来跟他说。"

玛杜和哥哥早就担心孩子提出这样的要求。他轻声劝道："听你爸爸的话，旅途非常危险。要接触无数的民族，他们风俗、法律、语言各不相同。你好奇心过多而缺乏谨慎。我们之所以能活下来，就是尽量避免与人家交往。实话对你说，你肯定会给我们带来严重的麻烦。听我说完，你爸爸为你做好了充足的准备，威尼斯是个最好的都市。我们给你留下足够的钱，你可以建立自己的商业。安心待在家里，跟姑父好好学一门踏实的职业。做一个安心的威尼斯人吧！"

马可大声向着父亲说："但是威尼斯人生来就是要出门的呀，你自己就是这么说的嘛，爸爸！"

尼古拉一下转过头来："我什么时候说的？"

马可的眼泪再也忍不住了："你只写过一封信给妈妈，就在那封信上说的。我从记事起，她就一遍一遍地读给我听，直至把信念成了碎片。难道你不知道吗？我一直梦想着和你在一起。我过去不知道你在哪里、你是怎样生活的、你在干些什么。人家都说你已经去世了，我不相信。我总认为你会回来带我去，现在你却还是要把我留在家里。"

尼古拉与弟弟交换了一下眼神，然后转过头对马可说："好吧，答应你。但有一个条件，在路上要按要求去做，不能随心所欲。"

马可高兴得跳了起来："一定做到。"

随后的几天，一家人都是在忙碌中度过的，继母和婶婶忙着为他们准备行装，尼古拉和玛杜忙着清理账目，购置货物礼品、租船、招仆人等，马可则为他们打下手。

马可和菲亚天天忙着搬运桶子、袋子、箱子等，装进有双排桨的大帆船里。他俩负责计算数量，一件一件地记在账上：西班牙运来的肥皂箱、椰油壶；从英国运来的羊毛袋、红布包；威尼斯制的锦缎、天鹅绒；法国出产的葡萄酒；荷兰制的麻纱布……

对于怎样招仆人，波罗兄弟曾发生过一次小小的争论。玛杜准备像上次那样在威尼斯多招几个仆人，一路同行；而尼古拉则表示反对，他认为此次出行，少则七八年，多则 10 年以上，除了走投无路之人外，一般人不会愿意去，即使去所付的代价肯定是非常大的。

最后，他们决定先招几个仆人，到了阿克城，就让威尼斯招来的仆人回去，从阿克再招几个，这么一段一段地招人，既可作为向导又比较合算。

快要开船的前一天，马可和菲亚跑到圣尼古拉教堂参拜，在圣像面前点燃了两支蜡烛，祈祷说："长老，我们明天就要去中国了。请您保佑我们一路平安。等我们平平安安地回来后，还要奉上比这个大3倍的大蜡烛，酬谢您的保佑。敬祝长老圣明普照……"

临行的日子终于到了。

港口码头上黑压压地挤满了送行的人。其中特别引人注目的，是穿着大红天鹅绒和锦缎织成的袍子，外面披着貂皮金色大氅的威尼斯总督阁下。太阳已经出来了，总督迪坡罗帽子上镶嵌的宝石闪闪发光。

港里停泊着由12艘船组成的双排桨大帆船队。其中，印有青底银穗子，当中并排着3只黑色小鸟旗帜的，就是波罗家的船。

岸上的人大声叫喊着：

"再见，尼古拉！"

"早点回来，玛杜！"

"一路平安，马可！"

"马撒儿吉什！千万小心，可别再让马贼捉去了！"

"菲亚，骑骆驼小心点别摔下来呀！"

马可一行人在亲人们的眼泪和叮嘱中离开了码头，声音越来越小，人们慢慢地看不清面容了。

马可站在船尾，默默地望着渐渐远去的威尼斯，心里暗暗念着："别了，威尼斯，愿圣马可保佑我们。"

马可对菲亚说："我们终于如愿以偿了。"

菲亚说："可是，要到中国，还远得很呢！"

"没关系，总有一天会到的。"

"啊！美丽的中国。"

波浪"卟咚、卟咚"冲击着船舷。

艰难的旅程

　　说话时态度十分谦恭，满面笑容、彬彬有礼，就是表现得十分有教养。

——马可·波罗

踏上中国之旅

　　1271 年 10 月上旬，尼古拉和玛杜天天在船内忙于清点货物、整理账目。马可则跟着船长，一招一式地学习航海，或者就是坐在船头，埋头在他的羊皮纸上写着什么。

　　濒海地区的拉加斯，是一座巨大的商业港口，也是热那亚、威尼斯以及其他各地商贾的云集之地。这里同样是各种香料、药材、丝绸、毛织品和其他珍贵商品的交易、集散港口。有些准备到地中海东部各国山区的旅行者，往往也取道于此。

　　金秋时节的拉加斯港是一年之中最繁华的时候。波罗兄弟俩在这里停留了好几天，津津乐道于做生意。他俩将威尼斯带来的大部分货物卖了出去，而且还卖了个好价钱，同时也买了一些当地的土特产。

　　马可看着他们乐不思蜀的样子，非常吃惊："他们怎能把使臣和商人这两者截然不同的身份绝妙地糅合在一起？"

　　第二天早上，正当他们在房里一边吃早餐一边计划着下一步的行程，并因为安排马可回家产生激烈的争论时，忽然听到一阵急速而杂乱的脚步声直冲他们的房门，玛杜一下从椅子上蹦了起来，伸手就去抓放在床上的宝剑，尼古拉制止了他。

　　门被猛地推开了，进来了几个人。为首的一位官员说："你们是从意大利来的吗？"

　　尼古拉很谦和地回答道："是的，大人。"

　　这位官员的口气缓和了不少："请问你是波罗先生吗？"

　　尼古拉点点头。

　　官员催促道："总算找到了，我们是从小亚美尼亚王国的都城塞

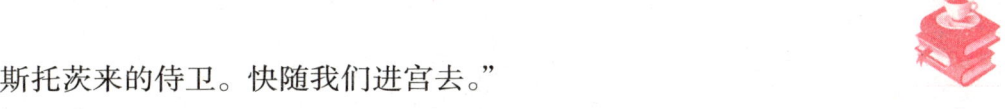

巴斯托茨来的侍卫。快随我们进宫去。"

三人忐忑不安地跟着这几个人向塞巴斯托茨城走去。一路上他们试图用各种方式从那位官员口中套出为什么要赶到王宫去的原因，可面容古板的小亚美尼亚人拒绝回答任何问题。

塞巴斯托茨城并不大，但是戒备森严，城外碉堡林立，城门被士兵严密地把守着。

马可看到这种情况，心里非常紧张。玛杜告诉他："小亚美尼亚境内实际上是蒙古人和撒拉逊人战场的缓冲地带，它的南部边境地区，土地肥沃，物产富饶，现在被撒拉逊人控制着；它的北部是卡拉马尼亚，居民主要为土库曼族；而它的东北部是恺萨里亚，塞瓦斯塔和其他一些属于蒙古人的城市；西部地区面临大海，与克里斯坦栋海岸隔海相望。"

尼古拉很严肃地看着马可说："你明白了？这里的局势很复杂，我们只能说自己是威尼斯来的商人，其他一概不要多说，免得招来不必要的麻烦。"

马可回答道："放心吧爸爸，我会很谨慎的。"

进了华丽的宫门后，那位官员停下脚步，两名侍卫迎上前来，同样是一言不发地将他们领上大殿。尼古拉、玛杜和马可低着头，紧紧跟着侍卫。

小亚美尼亚国王李昂三世坐在高高的镶金嵌宝的王座上，左手慢条斯理地摸着嘴边的胡须，台阶下左手边的几把椅子上坐着几位王公大臣，右手边坐着几位风尘仆仆的男人。

尼古拉等三人恭恭敬敬地向国王鞠了一躬。

李昂三世细声慢语地问道："是他们吗？"

侍卫回禀道："正是。"

右手边坐着的三位站了起来，马可一下认出了为首的是教皇的代表特巴尔多的秘书，其中还有一位也是他们见过的特巴尔多官邸的警卫，他简直不敢相信自己的眼睛。

李昂三世脸上露出了一丝笑意说："你们肯定非常奇怪会在这里见到他们。很简单，他们是信使，你们必须马上赶回阿克。你们刚离开阿克城不久，枢机主教会议推选教皇代表特巴尔多·威斯康德为新教皇，9 月 1 日已经正式即位，成为格里戈里十世。教皇命令他们三位来追赶你们。我已准备了一艘军舰，马上动身，向教皇复命。另外，我派一位大臣作为特使，专程前往阿克，谒见并恭贺新教皇。"

尼古拉他们听到这个消息，喜出望外。辞别国王后，他们随即跟随大队人马匆匆起程。

来到阿克城里，正值傍晚时分，格里戈里十世立刻召见了他们。觐见大厅里空荡荡的，左墙上挂着几幅圣像和一个银十字架，右墙上的托架里，点着蜡烛和火炬，照亮了整个厅堂。

新教皇格里戈里低头沉思着，他的衣着一如从前，只不过手上多了一枚加冕典礼上赠予的教皇戒指，显示出身份的变化。

三位威尼斯人在圣教会的领袖面前跪了下来，尼古拉轻声说道："教皇陛下，我们回来了。"

教皇格里戈里从沉思中抬起头，举起手向他们问好，示意他们站起来："这真是一个奇妙的改变，现在终于可以做以前想做而无法做的事情了。我要你们把上次我写给忽必烈汗的那封信退给我。"

尼古拉脸上流露出失望的神色："如果您这样……"

教皇立刻解释说："我要重新给你们另写一封新的。人有时候会由于命运的提拔，从卑微的地位上到他们自己没有梦想过的高位。用你们的祷告来支持我吧！"

三个人立刻明白了教皇的意思，欣喜不已。

教皇沉吟了半晌，想说什么又没说："先休息吧，会很快召见你们的。"

几天后，一间小小的密室里，当尼古拉、玛杜和马可被秘书带进

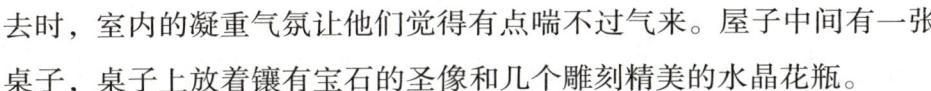

去时，室内的凝重气氛让他们觉得有点喘不过气来。屋子中间有一张桌子，桌子上放着镶有宝石的圣像和几个雕刻精美的水晶花瓶。

门开了，教皇格里戈里走进密室，身后跟着两个多米尼克派的修士。三个人急忙鞠躬致敬，教皇举止随便，亲切随和，好像又是特巴尔多了。

格里戈里十世请他们坐下，用手指指桌上的东西："这是我挑选出来送给忽必烈汗的礼物，这些精美的工艺品我想会给他留下深刻印象的。圣油有了，礼物也准备好了，信马上就交给你们，可以动身了。至于大汗要求派 100 名既精通基督教教义，又熟谙工艺的学者，恐怕我无法满足他的要求，我不知道怎样去找到、在什么地方找到这些人。不过，我还是找到了两位学识渊博、勇敢正直的人。他俩的能力足够抵得上 100 个人呢！"

教皇分别介绍了两位修士，体格健壮的一位是维琴察的尼古罗修士，是一个著名的神学家。他自视甚高，向尼古拉和玛杜简单鞠了一躬，对年轻的马可连看也没看一眼。身材瘦小一点年纪较大的是黎波里的威廉修士，他读过可兰经，研究过穆罕默德的教义，比较温和，他鞠躬行礼时连最小的马可也包括在内。

教皇告诉他们："我已授予两位修士权力证书，有权赦免并有权以教皇的名义，任命神父和主教。我们的东方教会将在他们这坚实的基石上建立起来！"

教皇看着大家："我希望你们平安地将我的信交给他，让我的声音在他的耳边回响。你们的任务不仅是建立联系，更重要的是保持友好的关系。这样可以让他们对我们忠顺，或至少保持中立。如果蒙古人能和我们共同对付撒拉逊人，或者他们不来威胁、扰乱我们，我们解放圣陵的计划可能更容易实现。"

尼古拉感到很为难，说："尊敬的陛下，请允许我说一句，我们只是普通的商人罢了，如此重大的任务……"

教皇打断了他的话："你们肯定能做到！因为你们和大汗有着良好的关系，他信任你们。这是任何人所无法替代的，你们就是我与大汗之间的纽带，我希望这次能让我们多了解一些，这很有好处。"

教皇的命令，让波罗兄弟觉得诚惶诚恐，而马可却感到热血在胸中奔腾。

教皇看着马可激动的样子，微微一笑，轻声对他说："我同样寄希望于你，你们三个人就是我的诚意的证明。"

马可一惊之下挺直了身子，期待着父亲确认教皇的说法，在下面的旅行中带他一起走。

尼古拉打破了马可的希望，他低声而严厉地说："你向我承诺过，马可。"

教皇又一次注意到这对父子之间的纠葛，这时他问道："你们下一步准备去往哪里？"

尼古拉说："教皇陛下，我们到拉加斯港。陛下召我们回来时，我们正准备出发去那里。"

玛杜补充说："拉加斯是个很安全的港口，经常有船开往威尼斯，

我们在那里有很多朋友，可以让马可搭船回威尼斯去。"

教皇对马可留下了极好的印象，这位青年人机敏、谨慎、细致，他相信自己不会看错人。于是他说："但是，你们肯定不会把马可丢下吧？多一个人就会增加一些机会，就会多一

个机会到达目的地。"

尼古拉从不轻易让人改变他的主见，这时虽然面对教皇，他还是抗辩说："教皇陛下，您不会命令让我们带他一起去吧？"

马可屏住呼吸，紧张地听着。

教皇温和地说："我没有权力命令父亲应该如何对待儿子。但是，这的确是我的希望。"

玛杜一直同情侄儿，这时急忙抢先答道："教皇陛下，您的希望就是命令。"

这下尼古拉没办法了，只好鞠了个躬表示同意了。

马克闭上眼睛，长出了一口气。

临行前，教皇破例为他们 3 个俗人祝福。他们再一次跪谢了教皇。马可双膝跪下，吻教皇右手上的戒指。教皇祝福他，并用仅能让他听见的低声说："当进行一场战役时，马可，有时一次只能征服一个城市，这才是上策。"

当初，波罗兄弟是以忽必烈汗特使的身份去见教皇，而现在又以教皇使节的身份去见忽必烈，可以说是具有双重身份。由商人突然成为肩负重任的秘密使节，这个变化让兄弟俩一时难以适应，马可则暗自庆幸当初坚决要求同行的选择是多么正确。

修 士 偷 逃

尼古拉、玛杜带着马可，和尼古罗、威廉两位修士组成了使节团，再次踏上了旅程。

从阿克到拉加斯是一段漫长而艰苦的旅程，马可在旅程中已经证明，他在队伍中有用而且又能吃苦耐劳，从而赢得了他们的尊重。玛杜对侄子的毅力和善良脾气也越来越喜欢，就连尼古拉也不得不承认，他的儿子是勇敢的。

尼古拉和玛杜一路上总是对两位修士彬彬有礼，重大事情一律先和他们仔细商量之后才付诸实施。修士的傲慢，只因为他们是商人，他们从内心瞧不起商人。

马可非常看不惯两个傲慢、冷漠的修士，一有机会就和他们抬起杠来，或者出出他们的洋相。

尼古拉虽然也看不惯修士的一言一行，但是他认为，此行应该以两位修士为首，他们奉教皇之命，手握重权，如此重大的使命自然应由他们担当，自己只是蒙教皇信任，从旁协助而已。所以，他私下里把马可狠狠教训了一顿。

尽管有这样或那样的事情，但他们的行进速度没有减慢。也许是太顺利了，两位修士认为此行不过如此，越发傲慢骄横。

在拉加斯，他们招了 5 个仆人，又买了 10 多匹马，进行了短暂的休整。1271 年年底，这个小小的使节团离开了拉加斯，开始向小亚美尼亚腹地行进。

一天早上，天刚刚放亮，他们就起来参加圣餐礼。尼古罗修士带着他们举行仪式，威廉修士在一旁当助手。面前的一块大圆石被作为

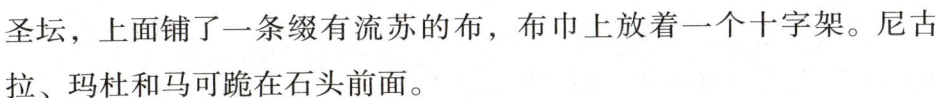

圣坛，上面铺了一条缀有流苏的布，布巾上放着一个十字架。尼古拉、玛杜和马可跪在石头前面。

马可突然听到远处一阵骚乱的声音，他抬起头来，"爸爸，快看，好像出了什么事。"

尼古拉和玛杜一起站起来。远处的大道上，尘烟四起，过来了一大群人，男女老少，赶车牵羊，行色匆匆。而有一队骑兵正飞快地冲过他们身后。

尼古拉急忙告诉两位修士，赶快先把十字架和弥撒书藏好，命令大家站在原地不动，他一个人骑马迎了上去。

一会儿，尼古拉带回了一个惊人的消息：玛木路库王朝的史坦丁·拜巴鲁率大军攻入亚美尼亚，占领了大片国土，试图将蒙古人向南赶回波斯。前面的道路已经不通了。

两位修士脸一下变得惨白，玛杜和马可则默默地望着尼古拉，等他作出最后的决断。

这时，那些骑兵已经看见了他们的小火堆在冒烟，就转向他们营帐这边来了。玛杜看到他们那尖顶的帽盔，小声说："是撒拉逊回教徒。"

马队扬起一片尘土，飞奔过来，把他们包围在中间。为首的是个阿拉伯酋长，面容凶狠，尖鼻鹰目。

尼古拉走上前去，举起右手，用阿拉伯语说："你好！愿你生活吉祥如意。"

这位酋长听到尼古拉讲自己一样的语言，惊奇地回答："愿你生活吉祥如意，真主保佑你。你们从哪儿来？"

"我们是意大利商人。"

酋长点了点头，可是其中一个人出来向首领吼叫，因为他已经看到了尼古罗手里的十字架。

尼古罗修士吓得举起双臂，做着末日来临的祷告。

幸亏首领当时并不想多杀人，他发出严厉的命令，掉转马头，飞驰而去，众人只好跟在后面离开了。

马可问："他们为什么不攻击我们？"

尼古拉平静地说："因为他已经回答了我的问候，他不能在祝愿我们之后再杀死我们。"

尼古拉把玛杜拉到一边，拿出一张地图铺在地上，两人仔细研究起来。尼古拉拿着小木棍在地图上指指点点，其余的人站在旁边，目光紧随着小木棍而移动，气氛紧张而压抑。

尼古拉抬起头来，看了大家一眼，语调低沉地说："战争极为激烈，撒拉逊人所到之处，扫荡无遗，显然不能指望他们会对我们发善心——即使我们装成是商人。现在唯一的办法是走小路，设法绕过战区。战火还没有烧到这儿，我们还可以走一段大路。"

玛杜用手指着尼古罗修士："如果还想完成自己的使命，最好不要再招摇了，否则撒拉逊人会让你安息在这里。教皇曾经嘱咐我们要谨慎小心，如果你希望殉道，那你就是违抗教皇的命令！"

尼古罗修士喃喃地说着什么，转身望着威廉。

威廉冲着尼古拉点点头："我想……也许他们是对的。"两人用布巾把十字架和弥撒书裹好，塞进了行李。

尼古拉吩咐道："这些骑兵可能是个巡逻队，来侦察亚美尼亚地区，准备以更强大的兵力攻打大汗的兵士。我们离下一个村庄还有一天的行程，可以赶到那里过夜。我们熟悉那里好客的人。"

他们匆匆地吃了一顿饭，又骑马上路了。这一带地区，尼古拉和玛杜还是熟悉的，路上，他们不时遇到躲避战乱的人和行而复返的商旅。

穿行在这些追求生存的人们中间，向前去迎接死亡的挑战，年轻的马可感到的是兴奋，而身旁的两位修士却越来越胆战心惊。

将近天黑，他们来到了由几个零零落落的泥砖茅舍组成的小村庄。尼古拉原本以为会受到热烈的欢迎，谁知迎接他们的是狂吠的狗和手拿火把、木棍的村民。

修士和仆人们都退缩了，而尼古拉和弟弟、儿子却催马迎上前去。尼古拉大声喊道："喂！朋友，你们好啊！"

但是他的喊声被喧嚣声淹没了，马可的马被一块石头击中，昂头直立起来，差点把马可抛到马下。玛杜赶紧上前抓紧了马可的马缰。叫道："哥，没有用，他们根本不听我们的。"

又一块尖石击中了尼古拉的肩膀，他们只好掉转马头，带着一小队人马从村里撤退。但那群人在后面一直追出好远。

第二天，他们到了下一个村庄。村子里死一般的寂静，每一座房子都是屋门紧闭，显然村民们都逃难去了。他们找了一个废弃的小屋住下来，马可和几个仆人忙着生火做饭，给马喂草喂水。

过了两天，路上几乎已经看不到行人了，途经的村庄也只剩下断垣残壁。凄厉的北风呼啸着扫过大地，只有道旁几棵秃树伸着绝望的枝丫，马蹄声在空中回荡着，宁静中透着恐惧。

他们已经进入了战区。尼古拉时时查看一张褪了色的地图，在地图上标出一条通往绿洲的路线。他当机立断，率领大家离开了大路，避开村落，进入沙漠地区。

一行人穿过岩石嶙峋的荒坡，专拣偏僻的小路行走，一路上缓慢前进，小心谨慎，无孔不入的寒风从四面八方向他们发起围攻，体力消耗越来越大。两位修士开始落在队伍的后面，马可在这极端困苦之中，依然信心十足，他以行动证明了自己的能力。

尼古拉和玛杜看到马可充沛的精力和飞扬的神采，内心充满了欣慰，也许此行的希望就在马可身上。

马可的嘴唇都干裂了，他忍着疼痛问："叔叔，出了什么事情？"

玛杜无奈地说："我也不知道。"

马可说："他们似乎都在害怕什么。"

风小了一些，他们为了让牲口休息一下，就下马牵扯着它们，拖着沉重的步子艰苦地行进。牲口的嘴上也满是黄色的泡沫。尼古罗修士一瘸一拐，"呼呼"喘息着。威廉抓住马镫蹒跚前进。

等爬上一个斜坡，尼古拉突然身子朝向一边停住了，声音嘶哑地叫道："我认出来了，那边就是它！"

大家顺着他的方向看去，远处有一丛棕榈树，还有两口围着砖台的井。人们大喜过望，匆匆地奔下了斜坡。

但尼古拉却叫大家停步："慢，你们看！"

原来，在那口较大的井边，有一个裹着头巾的阿拉伯人，他抱着一支长矛，好像正在熟睡。

尼古拉小声吩咐："大家在这里等着。"然后他自己慢慢地爬到绿洲前，发现只有那士兵一个人，就站起身来招呼道："嘿！朋友，你好啊！"

那个士兵一动也不动。

大家早就忘掉了恐惧，都慢慢地爬到了近处。马可悄悄走向水井，他忽然闻到了一股奇怪的味道，回头看叔叔，他脸上也有奇怪的表情。

而尼古罗修士早就忍耐不住了，他脚步散乱地奔到了士兵身边，大声喊："看在上帝的份上，水！我们需要水！"

他抓住那个士兵的肩膀，用力地摇晃。那个阿拉伯人一下倒了下来。尼古罗修士大叫一声退了一步。原来那件阿拉伯外套里竟是一副骨架，上面还挂着一些腐肉，苍蝇嗡嗡地爬在上面。

一个仆人拿起瓢走到井边，尼古拉大声警告："别喝那水！"

玛杜上前一下打掉了仆人手中的瓢，仆人坐在地上大哭起来。

马可迷惑地看着那具死尸问："他是怎么死的？"

威廉声音颤抖地说："可能是瘟疫。"

玛杜却说："更可能是井水下了毒。"

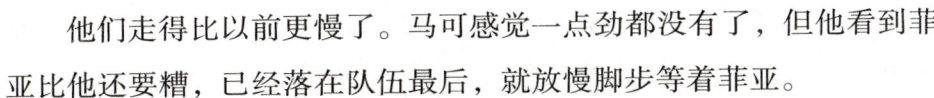

他们走得比以前更慢了。马可感觉一点劲都没有了，但他看到菲亚比他还要糟，已经落在队伍最后，就放慢脚步等着菲亚。

菲亚喘着粗气，摇摇晃晃地走着。

马可关心地问："菲亚，你怎么啦？"

菲亚有气无力地说："我不舒服，浑身酸痛。"

马可提醒他："挺住，坚强些。"

"我害怕！我觉得挺不住了……这和我们想象的多么不一样啊，马可。"

"不要紧，你上马吧！我牵着。"

"不行，那样他们就会看出我病了……我只要一点水……"

"爸爸说很快就要找到水了。来，靠着我，别说话了，省点力气吧！"

这时，他们遇到了一个蒙古信使。尼古拉和玛杜上前和他交谈。尼古拉取出大汗的金牌，那蒙古人立刻翻身下马，跪在尼古拉面前。马可对此难以置信。

那人从地上爬起来，指点他们应走的方向。尼古拉拍拍蒙古人的肩膀表示感谢，那人后退几步鞠个躬，然后跳上马鞍，举起右臂行了个礼，飞驰而去。

尼古拉命令大家："快！我们必须继续前进！"

威廉问："是不是瘟疫蔓延得很厉害？"

"不！是战争，埃及的苏丹以压倒之势入侵了亚美尼亚，想把蒙古人赶到波斯去。"尼古拉简短说完，就与玛杜摊开地图，研究起来。

威廉又问："那我们现在在什么地方？"

"离波斯边境不远。"

尼古罗修士惊恐地叫道："也就是说正在战争的中心地带了！你打算怎么办？"

玛杜说："别无选择，必须前进！找到一条通路去波斯。"

终于，两位修士在恐惧的折磨下再也忍耐不住了。尼古罗开始发难了："尼古拉·波罗，你欺骗了我们。你说这里已是大汗的控制区，可我们见不到战无不胜的蒙古军队，只有撒拉逊人。我们每天躲躲藏藏，连什么方向都不知道，这样能到达目的地？"

尼古拉竭力在安抚他："相信我们，我们为什么要拿生命作赌注，安全是第一位的。"

威廉尖叫起来："你的蒙古军队不存在了，玛木路库军在横扫亚美尼亚。这里太危险，没有办法继续旅行下去了。我们俩要回去了。"

马可毫不客气地打断了他的话："你们肩负着教皇的重托，必须完成自己的使命！"

尼古罗蛮横地说："小家伙，轮不到你说话。你们敢于冒死前进，只不过是商人的贪婪，利欲熏心。我们可不愿意跑到专门以战争为职业的人们那里去，我们会向教皇报告——现在没有必要去蒙古帝国。我们已经商量好了，回到阿克去！"

玛杜再也忍耐不住了，他一把抓住尼古罗的衣领："告诉你，小小的史坦丁·拜巴鲁算什么，大汗的百万雄师还没发威呢！你们口口声声要做一个殉道者，要把上帝的福音传到那些黑暗的土地上。你们这两个胆小鬼！"

尼古拉和威廉仍在喋喋不休地辩解着。尼古拉冷冷地盯着他们："我就是捆，也要把你们拉到大汗那里去。博学多才的修士们，你们不配得到教皇陛下的信任。"

两个人望着眼中喷着怒火的尼古拉，闭上嘴缩到一边。争吵暂时告一段落。

这一天，他们在一个避风向阳的小山凹里搭起帐篷住下来。也许是连日奔波，极度疲惫，大家睡得昏天黑地。

林中的小鸟奏响了美丽的晨曲，将他们从梦中唤醒。马可睁眼一看，天已大亮，两位修士早已不见人影。他急忙去告诉父亲和叔叔。

尼古拉带上一把剑，冲出帐篷，搜索了四周，但是一个人都没有找到。

尼古拉对马可大发雷霆："我给你下了命令！我以为你已经长大成人，可以执行任务了！"

玛杜安慰怒气难平的尼古拉："走了也好，我们更自由了，耳根也清静。"

尼古拉突然惊慌起来："教皇的信呢？圣油呢？"

马可说："圣油、信和十字架都在，这些东西我一直带在身上。"

尼古拉仍然压不住心中的怒火："两个笨蛋，我们来的那些地区肯定成了主要战场，他们根本不可能活着回到阿克，用不了多久就会被人割断喉咙。"

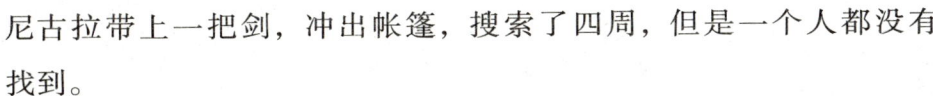

马可·波罗·艰难的旅程

抵达波斯

毁灭一切的战争正在激烈地进行。战火已经蔓延到马可一行的北方、东方和西方，他们不时发现燃烧的村庄和天空飘浮着的阵阵黑烟。

尼古拉和玛杜拿出地图，摊开查看，当机立断："事到如今，只有一条路了，我们必须向南拐，沿着商旅的老路，直奔波斯，到花剌子模去。这儿……在海湾上，从那里坐船直航印度和中国。"

玛杜也思索着说："虽然走海路要绕一个大圈子，但对我们而言，却要安全多了。"

马可听了，心头压抑不住一阵兴奋。

他们在傍晚时爬上另一个山头，在山顶上停下来。他们向山谷中一看，不由得毛骨悚然：人和马的尸体遍地横陈，破碎的旗帜、散乱的盔甲、断折的兵器扔得满地都是，秃鹫早就把尸体啄得血肉模糊了。

马可帮菲亚爬下马背，趴在他身旁。马可俯视着这人间惨景，突然脑海中闪出一个奇怪的念头，他摇摇晃晃地站起身来，踉踉跄跄地跑向战场。

尼古拉和玛杜不知他发了什么疯，大声地喊他回去，但马可却并不理睬。他在堆积的尸体中疯狂地搜索着，终于看到马鞍上还有一个水壶，立即一把取下来，但发现那是空的。随后又在附近找到一个，里面满满一壶水。他高举着水壶，高声喊着："水！水！"

众人欣喜若狂，一起跑下山坡，在死尸中搜寻起水壶来，大口喝着，高声欢叫着……

尼古拉把水倒在两个盾牌里，拿去饮了牲口，同时看到有人把水

浇在头上，就提醒不要浪费。

随着脚下路的延伸，战火渐渐地被抛在身后，他们开始感到比较安全了，路途中偶尔也能见到零星的商队。马可感到一种重回人间的欣慰，几个仆人也慢慢放松了。

大亚美尼亚王国是一个幅员辽阔的王国，每逢夏季，很多蒙古军队会开到这里来度夏，因为这里水草丰美，适宜放牧。但冬季来临时，天寒地冻，大雪纷飞，蒙古军队又会移防到气候温暖的南方。大亚美尼亚境内遍地温泉，此时已是仲春时分，芳草萋萋，繁密茂盛。

一行人在王国的首府阿津甘城逗留了几天，好好休整了一下，补充了给养。在这座繁华的商城里，尼古拉和玛杜的商人意识又开始冒了出来。尽管路途遥远，当他们看到遐迩闻名的邦巴津毛葛细嫩棉布时，忍不住又买了一些。

旅途虽然艰辛，可大量的名胜古迹给马可带来了无穷的乐趣。在他的羊皮纸上，记下了诺亚方舟山，萨韦奇妙的喷油井，格鲁吉亚王国"一夫当关、万夫莫开"的打耳班关，摩苏尔王国的金线丝织品。

当然，每到一处，马可都忘不了去考察一下当地的宗教状况，伊斯兰教、聂斯托利教派、雅各教派等。丰富的阅历造就着马可，他越来越成熟了。

尼古拉、玛杜和马可带着仆人，翻越亚特拉斯山，很顺利地进入亚塞拜然地区，来到了首府大不里士。

由于它适中的地理位置，四通八达的交通线，大不里士成了这广袤地区的商业枢纽，人口也最稠密。

这里的居民以经营商业和纺织业为主，以生产各种丝绸闻名，城内的居民来自多个民族和教派。印度、巴格达、摩苏尔、克雷默索以及欧洲各地的商人云集此处，商品的吞吐量很大，大道上的商旅络绎不绝。

尼古拉领着大家找了家旅店住下。此时正是做生意的黄金季节，兄弟俩整天泡在城内的市场上。

马可听旅店老板说，不远处有一座寺院，它是以神的名字圣巴萨摩命名的，院中的修道士的虔诚闻名四方。这天，马可独自一人骑马出城，他准备去拜访一下这座道院。

马可在院长的陪同下仔细参观了修道院。修道士们勤俭的生活，让马可感到非常震惊——这和欧洲的一些修道士的生活相比真是天壤之别。他们终日都坐在简陋的织机旁，埋头编织着一种专门供给祭祀时铺祭坛用的羊毛巾。当修道士们外出各省行乞募化时，就用这种羊毛巾馈赠人们。

傍晚，马可向院长辞行。院长知道马可还要长途跋涉，没作挽留。临出门前，院长送给马可一条刚刚织好的羊毛巾，作为途中挡风御寒之用。

马可刚上马走了没多远，院长正气喘吁吁地从后面赶了上来。他赶紧下马等着。

院长跑上前来说："马可，忘了关照你一件事。这里有些人非常狡诈，他们认为偷盗和抢劫与他们信仰不同者的财物，是正当的。如果不是蒙古人的法律森严，路上恐怕早就见不到商旅了。你们在城内雇一个熟悉地形的向导，由他们护送。假如路途遥远，可以交替互换。这种向导是根据道路的远近计程收费的，贵是贵了点，但值得。"

马可深深地向院长鞠了一躬，然后快马加鞭地赶回旅店。回到店里，已是掌灯时分。

尼古拉与玛杜从街上回来，正为儿子不知去向急得团团转，看到马可回来，刚要教训他几句，马可急忙把院长的忠告说了一遍。尼古拉和玛杜也是第一次走这条路线，院长的意见显然是非常正确的。

吃过晚饭，尼古拉找来了旅店老板，向他咨询向导的问题。老板连声说没问题。一转身，他就带来了一个向导。

这位向导二十五六岁，足足比马可矮了一个半头，干瘦干瘦的，三个人看了直摇头。

老板看看他们，有点不以为然地说："你们是找向导，又不是找

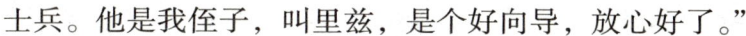

士兵。他是我侄子，叫里兹，是个好向导，放心好了。"

实践证明，里兹确实是个出色的向导。尽管他总是睡眼惺忪，迷迷糊糊，可是他敏锐的方向感、高超的骑术和丰富的旅行知识让马可大为叹服。由里兹带路，他们仅用了 12 天时间，就顺利地抵达了波斯王国。

他们无暇观光波斯名城亚斯迪，匆匆穿城而过，向南方进发。

这时，他们面前出现了一个一望无际的大平原，茂密的树林遮天蔽日，一片片小枣椰林散布路旁。凉风阵阵，拂面而过，带来夏日的清爽。林中还有许多飞禽走兽，鹧鸪、鹌鹑等更是随处可见，野驴也常常从他们眼前闪过。

里兹随身携带了一副蒙古人的弓箭，马可跟着里兹学会了打猎。休息时，两人总是结伴外出打猎，到后来，马可简直成了一个打猎迷。虽然沿途只有 3 个居民点可供旅客住宿，条件比较艰苦，但马可他们丰富的猎物足以让大家顿顿美餐。

第八天傍晚，马可一行到达了波斯东部的起而曼。这一地区现在由蒙古人派出的官员进行管理，它成了蒙古伊利汗国的军事制造业中心，生产蒙古军队所需的马鞍、马勒、马刺、刀剑、弓矢、箭囊等，"叮叮当当"的敲打声几乎伴随了他们一路。

离开起而曼，他们继续向前走去，越向前，市镇村寨越多，人烟越稠密，居民点像满天的星星一样散落在大平原上。慢慢地，开始进入丘陵地带。

到第九天，他们来到一座高山脚下。里兹早已要他们做好准备，但在翻越高山时，山顶寒冷的气候仍然让他们难以忍受。马可穿上了五六件衣服，最后再把皮衣套上，还是冻得上下牙直打架。

好在只用两天时间，双脚就又踏上了大平原。

里兹指着远处隐约可见的一处城池说："那就是卡曼杜城。它正好在平原的入口，是花剌子模的门户。我们的目的地也快到了。"

冲破土匪合围

卡曼杜地处咽喉要道，是个很大的都市。但他们走近这座城市时，惊奇地发现卡曼杜往日的风采荡然无存，只有一些小座茅舍陋屋，城内街道两旁，不时可见齐腰高的杂草。

后来他们打听到，旭烈兀西征时，曾在此地发生过大战，此后又几经战火。

里兹表情严肃地说："到了这个地区，真正的危险就要来了。听说过卡劳纳斯人吗？"

三个人摇摇头。

"再向前走，你们会看到所有的村镇四周都筑起了又高又厚的土墙，就是为了抵御卡劳纳斯人。"

马可问道："他们是什么人？"

里兹用手挠挠头："我也说不太清。听说过去有一个察合台可汗的王公叫努戈塔，他带领蒙古军取道巴拉香，穿过克什米尔，出其不意地攻入德里城，占领了阿斯·伊丁苏丹的全部土地，统治了印度马拉巴省，后来蒙古人和印度妇女生的孩子就被称作卡劳纳斯人。这些人以后结成一帮，专门以抢劫为生，如果没钱赎身，卡劳纳斯人就把他们和牲畜屠杀或贩卖。"

马可追问道："为什么只出现在这一带？"

"很简单，花剌子模是重要的海港，这一带的商旅特别多，他们都会专程来此等候印度来的商人。这么多到嘴的肥羊，卡劳纳斯人怎么会放过呢？卡劳纳斯人是沙漠里的土匪，他们要袭击的时候，就会施展妖法，念起咒语，制造出迷雾。他们像恶魔一样向你扑来，过路

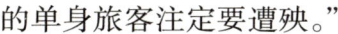

的单身旅客注定要遭殃。"

马可对里兹所说的妖法咒语不太相信："你见过吗？"

里兹抱怨说："如果见过的话，我还能和你在这里说话吗？"

天色渐晚，尼古拉看看天，决定马上找个地方住下来等天亮再赶路。

第二天在路上，他们遇到了一队也是赶往花剌子模的商人，大家结伴而行，将近20个人在一起，胆子也壮了不少。

商旅队正绕着一个小小的湖边行走时，突然在他们不远处有一层薄薄的白雾霭霭上升，微风吹着它，像个幽灵一样四处游荡。

玛杜很不安地回头告诉尼古拉："好像起雾了。"

尼古拉命令大家："靠拢起来！"

时隔不久，雾就降下来了，团团笼罩了商队，而且逐渐变浓，直至成为一片茫然，相互看不清人。前面的商队已经完全看不到了。

尼古拉拿出一圈长绳，一头拴在马鞍上，然后将绳子传递给玛杜："往后传给别人。我们千万不能走散。"

绳子拴在每一个人的马鞍上，将他们连成一串。

马可是最后一个。这时，沉沉的雾海里传来了阵阵马的嘶叫声，迅疾的马蹄声由远而近，扑面而来，马可正在往马鞍上拴绳子，他的坐骑受到惊吓，直立嘶鸣，差点把他掀下来。

突然间，一阵令人心悸的呐喊声和惨叫声在他们身边的雾中爆发。

里兹惊得大叫一声："卡劳纳斯人！"

尼古拉招呼他们："趁他们还没杀过来袭击我们，赶紧冲出雾区。"

尼古拉拔出长剑，用脚一磕马肚，绳子带着玛杜和后面的人向前猛冲，但是已经晚了，成群的卡劳纳斯人向他们围上来。

有4个人从雾中冲过来，挥舞着他们的长刀。但他们没想到这群人已经做好了准备。在第一次冲击时，尼古拉猛地一剑，已经收拾了一个。玛杜也把另一个砍下马来。

前面的商队也遭到了袭击，他们听到了尖叫声和刀枪的撞击声。尼古拉高喊："现在只能各顾各了，我们走吧！"

玛杜一剑刺中了他身旁那个大胡子的坐骑，受伤的惊马狂跳乱冲。他们前面的几个卡劳纳斯人急忙策马躲避，尼古拉乘机带着大家冲出合围。

但这些马贼在后面紧追不舍，他们很快就陷入重重包围之中。里兹恐怖之中乱砍着。一个匪徒冲过来，马可挡住了他的刀。这个卡劳纳斯人大声咆哮，胡子拉碴、旋转敏捷，抡起弯刀又要往下砍，但马可的剑尖已经刺进他的喉咙，他滚下马来。

马可走在最后，他将剑插回剑鞘，从里兹那儿把弓箭拿来，转身拉弓搭箭，对准不远处朦朦胧胧的人影就是两箭，只听得连声哭叫，有人坠马，追兵的速度减缓了不少。

这时，谁都没有注意到菲亚，他吃力地直起身子，解开和大家连在一起的绳子，然后鼓起全身力气，拔剑在手，打马冲进雾中。眨眼之间，他就被浓雾吞没了。他以呼喊声吸引那些马贼的注意，这喊声和卡劳纳斯人的狂怒尖叫声混成一片。

马可在马鞍上感到一阵深深的悲痛。终于他想回去追赶菲亚，但大家都在狂奔，绳子一时解不开。又过了一会，他们逃出了迷雾，来到阳光下停下来。马可解开仍把他们连在一起的绳子，大喊："菲亚不见了！"

其他人看也不看他一眼。马可走近玛杜："叔叔，菲亚不见了。"

玛杜说："我知道。"

马可一下急了："知道是什么意思！我们必须回去救他！"

玛杜说："没有用的，马可，现在他早就死了，难道你还不明白吗？他为我们献出了生命。"

马可呆呆地看着叔叔。玛杜摸了摸手上的伤口，又补充说："再

怎么说，这样也比病死好些。他一直高烧不退……"

尼古拉包扎好右肩上的伤，命令道："继续前进！"因为那些人又追上来了。

马可感到天旋地转："菲亚！……"他努力地控制住才没有哭出声来，只好继续打马前行。

尼古拉领着马可他们冲出迷雾，向一个小山坡上冲去。无论他们怎么快马加鞭，后面恐怖的声音总也摆脱不掉。他们拼命疾驰，在快冲到坡顶上时，这场追逐战意外地突然结束了。

马可从鼓噪狂嚷的声音判断，知道土匪正在赶上他们，但当他跑下一道长坡时，追逐的声音却变得微弱了，他这才回头一看，卡劳纳斯人勒马站住了，在原地乱转，愤怒地挥舞着拳头。他再向前一看，原来不远处矗立着一座小城。小城的城墙上站着不少守卫。

这是一个名叫康萨尔米的小城堡。卡劳纳斯人已经放弃了追赶，策马回去了。他们终于摆脱了危险，和他们同行的商队没有一个人逃脱卡劳纳斯人的魔掌。

由于这一带盗贼蜂起，路上极不安全，他们丝毫不敢掉以轻心。马可和里兹自告奋勇地在前面探路，一行人马不停蹄地向花剌子模赶去。

马可·波罗·艰难的旅程

感受病痛煎熬

花刺子模平原，美丽富饶，触目所见遍地尽是枣树，树林里栖息着鹧鸪、鹦鹉和各种马可说不出名字的鸟雀。时值盛夏时分，灼日逼人，他们只能早晚赶路。眼前的一切都变得白晃晃刺人眼睛，脸上的汗水像小溪一样。马可觉得非常疲惫，胯下的马呼呼喘着粗气，他咬牙坚持着。

一天，马可爬上一个小山丘，在起初的一刹那，他怔怔地站在那儿。远处的地平线上，闪烁着一座有白色城墙的城市，在湛蓝的海边隐约可见。

里兹从后面赶上来，一把抓住马可的肩膀："花刺子模，看哪，终于到了。"大家听到这一消息，高兴得大呼小叫起来。虽然还要走半天的路，可希望就在眼前，还有什么可怕的呢！就连一路上沉默寡言的尼古拉也喜笑颜开。

马可一进城，发现里兹说得果然不错。城内街道宽敞整洁，两边的商店鳞次栉比，药材、香料、宝石、珍珠、象牙、纺织品等应有尽有，就是很难见得到人。有些店大门紧闭，有些店中只有一个伙计坐在柜台后打盹，似乎整个城市都在避暑。

他们在濒临港口的街道上找到了一家旅店，这是一栋刚刚粉刷过的二层小楼。店主对此刻有旅客上门真是有点喜出望外，他赶忙招呼伙计帮助马可他们安顿下来。

日落以后，依然热得让人喘不过气来。马可只穿着短裤和衬衫，躺在床上不一会，衬衫就给汗浸湿了，沾在身上。他长这么大从没感受到如此高温。耳边蚊子的嗡嗡声更让马可难以入睡。他索性下床，顺着梯子，爬上了平台。

夜深了，繁星嵌在蓝色的天空，从大海上吹来了习习微风，裹着丝丝凉意。马可张大嘴，猛吸着新鲜湿润的空气。

自从离开威尼斯以来，每日行色匆匆，忙前顾后，难得有这么一个独处的机会。母亲的早逝，让他学会了孤独，学会了沉思，培养了他缜密细致而又勇敢不屈的性格。

马可对这次旅程并不后悔，他不是为了躲避威尼斯单调沉闷的生活，也不是心血来潮，艰苦危险的生活在他的意料之中。开始他坚持要和父亲叔叔一起远行，多少带有探险猎奇的动机。但是，教皇在密室里的一席话，以及教皇的祝福，使他感到了肩上沉重的使命感。

尽管最权威的教士们坚持认为，在基督教国家的外面，除了黑暗，还是黑暗，但马可相信父亲和叔叔所说的一切，而且事实证明他们是对的。文明，这完全不同于基督教世界的文明，人们又知道多少呢？按父亲的说法，遥远的东方有一片光辉灿烂的国土，如果越过这片国土，世界会是什么样呢？

马可暗下决心："我一定要去看看。时空是永恒的，这永恒中的客观存在就是我所追求的。"

马可坐在平台上的花架上，望着远处深邃的空间，望着港湾中星星点点的灯火，沉重之中又现出一丝轻松。毕竟他是生长在水城，海虽然变幻莫测，可似乎比陆地要亲切。想想登船后，就可以直航中国，马可竟觉得成功是触手可及了，光明就在眼前。

第二天早上用完早餐，里兹收拾好自己的简单行装，来向他们辞行。马可他们都很喜欢这位活泼机灵的小个子，一路上的风风雨雨，使马可和里兹成了生死之交。里兹教会了他很多旅行知识，教会了他波斯语，也教会了他娴熟高超的弓马技艺。里兹的离去，使马可很伤感。

船主们听说他们要雇船出海，马上围上来一大帮，七嘴八舌地各自吹嘘自己的船和航海术。尼古拉和玛杜看上了一艘比较新的单桅高桅中型商船，他们随船主登上这艘船。

此次航行，时间长且海域情况复杂，对船况的要求也比较高。马可惊奇地发现，整艘船找不到一个铁钉，船板是用一种细绳连起来的，船底居然连沥青都没涂。马可把他的发现悄悄告诉父亲和叔叔。

尼古拉和玛杜正和船主激烈地讨价还价，听了马可的一番耳语，两人顾不上价钱，也去检查船况。

除了马可发现的之外，他们又找到一些问题，最不可思议的一件事就是船上没有铁锚，只有水底缆绳。如果遇到风浪，如何固定船体？这实在太危险了。

尼古拉、玛杜和马可与船主客套了几句，忙不迭地溜下船。他们在港区转来转去，花刺子模所有的船几乎没什么差别。港湾的一角，一艘商船竖起了龙骨，正在安装船板，他们终于发现了问题之所在。花刺子模人造船所用的木料质地过于坚脆，简直和陶器差不多，一碰就裂。所以造船时铁钉打不进去，硬敲的话，很容易使船板发生裂痕。

于是，工人们在船板两头用螺旋钻打孔，然后加木塞楔牢；再用印度出产的椰子，将其浸在水中，腐烂后取出里面像马尾一样的丝条纤维，洗净制成绳索，把船板连起来。船底用麻絮填塞缝隙，再涂上一种用鱼脂制成的油。

这种船需要经常维修；遇到大一点的风浪，船身非常容易解体，加之没有铁锚固定船舶，更增添了危险。

先前的轻松和愉悦变成了沉重和忧虑。尼古拉回到旅店后一直忧心忡忡："印度洋上风浪很大，这样的船肯定经受不住，我们的航程可比到印度要长得多啊！"

大家都认为尼古拉的意见是对的，他们不能冒险，他们肩负的使命也不允许去冒险，现在唯一的办法就是走陆路。可是卡曼杜和雷奥巴尔地区有卡劳纳斯人的侵扰，上次要不是有一个商队挡在前面，一切都完了。

他们又一次趴在地图上。

最后，尼古拉决定从另一条路直取起而曼，穿过大平原，擦过沙漠边缘，在科比尔姆城作短时间休整，然后再奔向波斯北部的萨莫金，由此向东，直至大汗的王都。

这条路尼古拉和玛杜都没走过，他们面临着一场严峻的考验。时间紧迫，尼古拉准备马上去找新的仆人和向导；玛杜带了一批货去卖，因为路上不可能带这么多东西；马可则尽可能地向别人了解沿途的情况，以便做好充分的准备。

这条北上的线路和他们来花剌子模时完全不同，行人稀少，自然环境恶劣。平原地带虽然物产丰饶，但水却苦涩不堪，用这种水做成的面包更是难以下咽。

至于到科比尔姆城途经的那片沙漠，水资源极为匮乏。好容易找到的一点水，却绿如青草，咸苦难咽，根本不能饮用。路上尼古拉和玛杜只是用舌尖尝了一下，便不停地作呕。幸好途中发现了一条小小的淡水河，否则不要说人，就是马也会倒下。

水土不服，旅程艰辛，尼古拉和玛杜都觉得身体极不舒服。年轻的马可担起了整队人马的领导重任。他既要照顾病中的父亲和叔叔，又要安排行程，跑前奔后，忙这忙那。好在到了科比尔姆城，大家得以喘了口气，尼古拉和玛杜也恢复了体力。

离开科比尔姆城，他们又进入了一片大沙漠，这一次他们吸取了教训，尽可能地带足了水和食物。然而，不幸的事又发生了。

马可病倒了。

尼古拉和玛杜把马可抬到岩石的阴影下，把他轻轻放下。看得出，马可正在发着高烧，他满脸通红，嘴唇干裂，胸口无力地起伏着。太阳残酷地灼烤着马可，他眼花目眩。他把头垂到一边，凝视着一块突兀的山石。他感到有一条大蛇在石头上出现，向上直立，要攻击他。他发出喊声，伸出胳膊想把蛇赶开。

尼古拉抓住儿子的手，瞧着儿子注视的地方，只见一条青色蜥蜴在石头上晒太阳。他摸摸马可的额头，好像火炉一样。

尼古拉把儿子抱在怀里，他除了向上帝祈祷，还能做什么呢？马可不停地呻吟着，两只手无力地伸向空中，整个身体都在恐怖地扭曲着。如果不能马上找到水源，找到休息的地方，后果是不堪设想的。

尼古拉第一次真正意识到马可对他意味着什么。马可的英俊潇洒、英勇果敢，他的语言天才和对自己所追求目标的坚韧，都让尼古拉为之骄傲。从儿子身上，尼古拉看到的是生命的延续和希望之光，可这一切居然要消失在波斯的沙漠里。

不，只要能赶到"太阳树"，那里有一口井，有充足的水给马可喝，他会得救的。

马可喘着气说："爸爸说得对，我不该来……我成了你们的负担……我想，我能挺过去。"

玛杜劝他："别激动，孩子。哥，我们必须骑马前进！"

尼古拉和玛杜一齐把马可抬上马，又命一个仆人在旁边扶着，一行人加快步伐向前赶。

沙漠被抛在身后，面前是一望无际的贫瘠荒凉的平原，几乎找不到一条供人行走的道路。马可双手搂着马脖子，脑袋低垂着，总算还没有掉下来。尼古拉望着生命垂危的儿子，心里感到一阵揪心的疼痛。

走在前面的玛杜转过身来对哥哥大声嚷着："看，太阳树！"

辽阔的大荒原上，孤独地耸立着一棵高大挺拔的大树，树干由于年代久远而虬曲，多瘤的树枝低垂着，树上挂满了古铜色的坚果。这树很像黄杨木，树叶正面为绿色，背面是浅蓝色。相传亚历山大大帝曾与德里厄斯在此交战。时空悠悠，只有这棵太阳树背负着历史，孑然而立在这片土地上。

他们在傍晚时分才走到树前，发现井里有满满的清水。大家怀着感激之情痛饮一番，振作了精神。他们又打开包裹，取出木钵，盛水饮马。

兄弟俩用清水为马可擦洗了身子，又让他躺在"太阳树"下的一堆行李上，马可喝足了水，安静地睡着了。

晚上，马可从梦中惊醒，他喘着气，慌乱地向四周扫视，发现父亲在不远的地方，就向他爬过去。他没有力气，只能一寸一寸地爬，但他并不停止。

尼古拉听见了喘息声，感到有人在他身边出现，他睁开眼睛，看到自己的儿子，就激动地伸出手臂，将他一把抱在自己的怀里。父子俩在这一瞬间都流下了喜悦的泪水……

进入蒙古

马可的高烧虽然退了，但身体极为虚弱。一行人跋山涉水，穿过平原荒漠，萨普甘、古城巴拉奇、塔里寒城堡、斯卡森，这些城市一个个被他们抛在身后。玛杜几次想叫尼古拉停下来，让马可调养一下，可是险恶的环境又使他放弃了。

宝石王国巴拉香终于到了。这里出产的红宝石、青金石在欧洲都非常有名。这个通往东方的交通线上的重要城市显然比他们刚刚经过的地方要繁华得多。

尼古拉看着虚弱的马可："不治好病，马可将无法继续走下去，谁知道前面还会遇到什么！"

巴拉香群山连绵，气候相当寒冷。玛杜找到一家挺干净的小旅店，大家安顿了下来。尼古拉一面找大夫为马可诊病治疗，一面又和玛杜做些生意。这里因为山高路遥，交通不便，商品比较匮乏，尤其是衣料奇缺。他们带的精美棉布成了奇货。虽然红宝石和青金石被国王所垄断，不准随意开采、交易，但兄弟俩还是用棉布换回许多。

马可的病时好时坏。大夫认为他是过度疲劳，加上得了热病，一定要静下心来休息。

马可整天待在房子里，几个月过去了都还没痊愈，他闷得难受。这天，他闲极无聊，和老板娘东拉西扯，问长道短。老板娘给他出了个主意，她说附近的山很高，山顶上空气异常新鲜，这里的人得了病，就到山上去疗养一段时间，很快就会痊愈。马可一听非常高兴，和父亲商量之后，找了个店中的伙计陪送上山。

马可住在山顶的小木屋里，悠闲地享受着宁静的生活，果然没多久就康复如初了。

他们在巴拉香前后耽搁了将近一年时间。又是秋天，如果再不动身，就不可能在冬季到来之前翻越险峻的帕米尔高原，这样势必要延迟到来年春天。

这一天，马可躲在一块大圆石后面，张弓搭箭，正等着野兽进入射程之内。这是一只雌鹿与公羊的杂种，既有鹿的轻捷矫健，又有公羊的弯曲犄角。

这时，叔叔的喊声突然回荡在山谷，打破了寂静，那野兽疾速跳跃奔跑而去。玛杜两手拢成圆筒招呼着："马可，赶快下来！吐蕃向导说，山口很快就会被冰雪封闭。在狂风暴雪来临之前要离开此地，机不可失！"

马可把箭射向天空，然后跑下斜坡，与叔叔回到店中。尼古拉已经雇了两个吐蕃向导，他们告别了热情好客的店主夫妇，踏上了向东方的旅程。

马可一如既往地和向导走在队伍的最前面，充当开路先锋。他们从巴拉香往东北走了12天，来到阿姆河上游右岸的瓦汉地区，再由瓦汉往东北的山岳地带，又用了3天时间，爬坡越岭，风餐露宿，终于踏上了帕米尔高原。

马可站在高高的山巅之上，白云在身边缭绕。不远处的两山之间，卡拉库鲁湖像一面明镜镶嵌在大地上，一条美丽的河流从湖上发源，蜿蜒地穿越一块辽阔的平原。

平原上绿草如茵，一群群野羊正在撒欢儿。马可抬起头来，极目远眺，四周崇山峻岭，直入云霄。

身处在真正的天地之间，马可突然感到了自然的无限力量，感到了它博大的胸怀。马可暗自叹息着："我感到，自己真像是一粒砂尘，在它面前是如此渺小无力。要认识它都这般艰难，更不要说征服了。"

父亲高喊着："马可，愣着干什么？赶快走！"把他从天边的遐思中拉了回来。

玛杜的眼里透出一丝焦虑："马可，恐怕我们的速度还要加快。向导说这一带山区狼群很多。你发现远处点点白色的东西了吗？那都是狼吃剩的羊骨。冬季快到了，此刻的狼群凶狠无比，一旦遇上，我们绝对无法脱身。"

马可意识到问题的严重性，赶紧放弃了他的遐想，和两个向导专心赶路。

海拔越来越高，山势也越来越险峻，崎岖的山路蜿蜒曲折，高山的巅峰之上是一片银色的世界，寒风在山谷中呼啸，严冬似乎在一夜之间就降临在他们面前。

向导告诉马可，这才是真正的帕米尔高原。从这里还要继续用40天的时间，朝着同一方向，爬山越岭，横越过很多河流和沙漠，才能到达有人家住的地方。

高原上极为荒凉，别说人了，甚至连一只飞鸟都见不到。马可觉得简直像被扔进了地狱，生命气息的飘失令他恐惧。

山在变高，空气在变稀薄。每个人的牙齿都颤抖着"咯咯"直响，腿都像灌了铅似的，只听得阵阵呼呼的喘气声。马可看着父亲和叔叔那惨白的脸，看着他们迈着无力的步伐向前挪动，心里非常焦急。

由于氧气含量少，燃烧点低，连火都没有热气，食物永远是半生不熟的，水也是温吞吞的。他们本已衰弱的体力，更无法得到补充。

在山边的小路上，他们碰到了暴风雪，大家都失去了联系。马可走在最后面，被雪崩压到了下面，从小路上席卷而去……等马可醒来时，他已经在穆斯塔阿塔山的喇嘛庙，见到自己躺在一张垫着毯子的床上，穿着宽松的灰色长袍。

他睁眼上望，就见到了一尊雄伟庄严的金佛，听着朦胧的佛号鼓声，又进入了梦乡。等再次醒来，身体就能活动了。

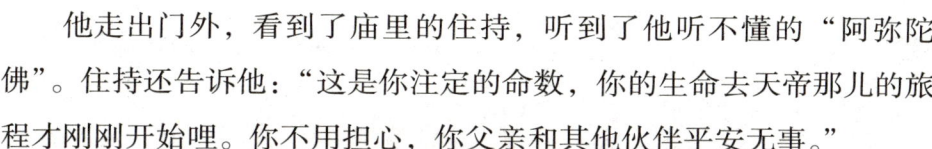

他走出门外，看到了庙里的住持，听到了他听不懂的"阿弥陀佛"。住持还告诉他："这是你注定的命数，你的生命去天帝那儿的旅程才刚刚开始哩。你不用担心，你父亲和其他伙伴平安无事。"

尼古拉盯住马可看了一会："我们以为失去了你，孩子。"然后把他拉到怀里。玛杜抱住他们父子俩，蹦蹦跳跳地笑着。当他们离开的时候，庙里赠送了他们一种薄纱质料的围巾，并说："这条幸福的围巾叫'哈达'，围上'哈达'，你就有了神的保佑。它是我们愿意和你们交往的标志。"

12 天之后，马可终于感到是在向下走了。他们攀越连绵起伏的莽莽群山，涉过弯弯曲曲的河川细流，穿过人烟绝迹、寸草不生的茫茫沙漠，最后终于来到了帕米尔高原南方的吉吉特。果如向导所言，他们足足用了 40 天时间。

由这儿往西方看是帕米尔高原；往南方看是昆仑山脉和喀喇山脉，山顶上堆着万年不化的积雪，耸立在云里；而北方是绵延不绝的天山山脉；仅有东边是开阔地带，形成一个大平原，与遥远的蒙古相连接，可以隐约看到无数的蒙古包。

碧蓝的天空，飘浮着朵朵白云。苍茫的灰色在逐渐隐去，片片绿色洒在大地上。万物复苏，重回人间。马可骑在马上大声地喊叫，他第一次感到绿色就是生命。莽莽大草原，把绿一直铺向天际。块块农田，片片葡萄园，袅袅炊烟，隐隐传来的牧羊人的歌声。偶尔从草丛中蹦出一群黄羊，打破了这令人心醉的宁静。

到了，这就是著名的西域，蒙古帝国的发源地和中心。

直奔忽必烈的夏宫

马可正把驮马的缰绳拉到一起，忽然听到远处有马蹄奔驰的声音，但他什么也没看到。当他继续前进的时候，蹄声变得更响了。他再次看了看，在缥缈雾霭之中，只有高大、晃动的形体和黑色的人影。

过了好一会，才清晰地看到了十来个凶狠的武士，骑在鬃毛蓬松的马上，脸上的络腮胡子淌着汗水，身穿厚毡外衣、硝过的皮马甲、羊皮涂漆的胸甲，头戴尖顶皮盔，手持长矛圆盾，肩挎短短的弯弓，背上搭着箭筒。

马可正在惊讶是不是又遇到了强盗，却见那些人放低武器，跳下马背，双膝跪下，额头碰地，表示敬意。他回头一看，就见站立不稳的父亲正把大汗的金牌高高地举过头顶。

他们是一个部落的前卫，这个部落属于忽必烈大汗的侄子海都可汗。他们带着波罗一家抄近路到达北面的树丛草原地带，在那里找到了牲口的牧场。

他们看到了前面的炊烟，接着看见一片黑毡的帐篷，到处牛马成群，就像个小小的城市。

几个月来，马可都是在荒漠、在高度精神紧张中度过的，鞍马劳顿，疲惫不堪。眼前的美景，真让马可有换了人间之感慨。平日总是拼命催促赶路的尼古拉，似乎也不愿放弃这种享受。

马可用手指着远处隐约可见的蒙古包说："爸爸，前面好像有人家，今晚我们就在那儿宿营吧！"

尼古拉点了点头，他现在很尊重已经成熟了的儿子的意见。

二三十个圆形的毡帐散落在草原上，组成了一个小小的村落。

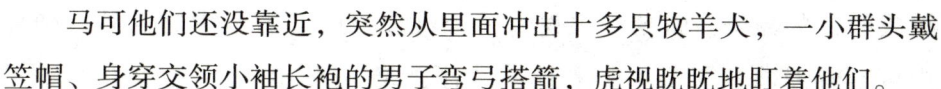

马可他们还没靠近，突然从里面冲出十多只牧羊犬，一小群头戴笠帽、身穿交领小袖长袍的男子弯弓搭箭，虎视眈眈地盯着他们。

马可赶紧下马，高举着双手，慢慢地走上前去，告诉他们自己是威尼斯人，作为教皇的特使前来拜见大汗的。

马可熟练的蒙古语显然让那些人非常吃惊，看样子，他们是第一次见到金发蓝眼的人。不一会儿，从一个大毡帐里走出一位垂辫发、戴宽檐笠子帽、腰系紫帛彩带的中年男子。他精力旺盛、相貌粗野，大约50来岁。

"你好。"马可很恭敬地向他鞠了个躬，再次说明自己的来意。中年男子一听极为高兴，连忙招呼马可他们到毡帐中一叙，又吩咐几个年轻人准备款待这些虔诚的朝拜者。

中年男子说："我叫拔都，是个百户。你们到了这儿就安全了，前面不远是叶尔羌城，如果愿意的话，可以请求驿站的帮助。"他一边说一边端详着尼古拉给他看的大汗的金牌，然后又恭恭敬敬地用双手捧还给尼古拉。

马可并不是第一次见到蒙古人，在进入伊利汗国境内，曾几次和蒙古的客商打过交道，也曾见识过骑在马上呼啸而过的蒙古骑士，但真正进入蒙古人的生活还是头一回。

经过礼节上的欢迎，他们被拔都引进了拔都汗毡帐。马可原以为会看到游牧民族一些原始、落后的东西，谁知这儿竟是一座相当不错的住宅。

毡墙漆成白色，墙上挂着镀金的皮盾、象牙的弓套和弯刀式的短剑。在这些物体中间有彩色的图画，画着马儿与骑手以及狩猎的情景，还有印制精美的花卉、树木和羽毛艳丽的禽鸟。

毡帐的骨架是用交错的柳枝扎成的，骨架顶端为一小圆圈，由圆圈以下全用白毡覆盖，固定在骨架上。中间的小圆圈没用毡覆盖，大概这是天窗，马可暗自想道。毡帐门向南开，门框是用柳条扎成，门框下端绑着一条横木作为门槛，毛毡制成的门帘上有一棵用紫色毛毡缝成的大葡萄藤。帐幕中央设着一个神龛，前面有不少的供品，神龛内供奉着天神"腾格力"和地神"额秀格"。

大家一起盘腿而坐，仆人端上糕点，往主人和客人杯中斟着一种白色的酒。

拔都致欢迎词："以大汗的名义，以他侄子海都的名义，并以我自己的名义，欢迎你们！勇敢的人们能到我这儿来做客，我很高兴。"他用手指蘸了几滴酒，洒在地上，又向地神敬酒，然后一饮而尽。

尼古拉也举杯为主人的盛情款待、为主人的健康干杯，玛杜和马可一饮而尽。马可发觉这酒很爽口，和他喝过的所有的酒都不一样。

叔叔告诉他："当心，这是马奶酒，后劲儿很大。"

马可很吃惊，没想到马奶可以制成酒。他简直舍不得放下手中的杯子，一下就接受了这种蒙古酒。尼古拉从身边的行囊里取出一条在巴拉香买的镶有红宝石的赤金项链，送给拔都："承蒙招待，深感荣幸，非常感谢。请您收下这小小的纪念品，聊表我们的谢意。"

毡帐中响起一片赞叹声，妇女们伸长了脖子，争相观看。拔都将项链举到亮处，欣赏着宝石丰润亮泽的红光。他高兴地说："你们太客气了。"

马可早就听到父亲和叔叔说过，蒙古妇女不像伊斯兰教徒，她们日常和男人们在一起，不戴头巾、面纱。即使这样，他仍然对她们的大胆感到惊讶。

一些年轻姑娘一直对他微笑着，交头接耳，甚至"咯咯"笑出声来，显然是在议论着他们。她们穿着纯丝的宽大长袍，头发长长，编了一段辫子，挂着金首饰的珠宝。有些长得很漂亮，显然来自不同的种族。

马可问叔叔，叔叔告诉他："她们的母亲是塞加西亚人，她们都是拔都的妻妾。觉得你很有趣哩，因为你没有胡子，她们认为你像个女人。"

过了一会儿，拔都领着他们去参观这小小的营地。蒙古人紧跟在

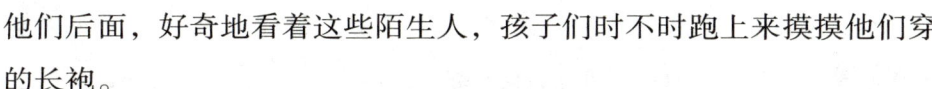

他们后面，好奇地看着这些陌生人，孩子们时不时跑上来摸摸他们穿的长袍。

夏日的草原之夜宁静而美丽。拔都在营地中央的空地上为他们举行了隆重的欢迎宴会。男人们围坐在篝火旁弹琴唱歌，妇女们在做面饼；孩子们在人群中嬉闹，时而去转动一下火上的烤肉叉。

马可对父亲说："这真是无忧无虑的生活。"

尼古拉回答说："说得不错。可这只是生活的一半，等你看到蒙古铁骑横扫大地时，你就没这种感叹了。他们更感兴趣的事就是杀人。海都总是与他叔父忽必烈冲突，多亏现在正是他们和平的时候，而且我还给了他一条值钱的项链，否则，很可能我们已经脑袋搬家了。"

欢宴是马可平生未曾经历过的，他对蒙古人的豪饮瞠目结舌。那不是宴会，而是狂欢。前面就是驿路，顺着蒙古帝国的交通干线，很快就会到达帝国的心脏，危险终于过去了。

大家如释重负，也尽情地分享这份快乐。音乐声、歌声、欢笑声，整个营地一片喧嚣。到最后，他们连怎么睡到毡帐里都不知道。

清晨，响起了牦牛号角。马可从梦中醒来，发觉尼古拉和玛杜还在蒙头酣睡。这恐怕是他们离开拉加斯两年来最舒适的一个夜晚。

在用过拔都为他们准备的丰盛早餐后，他们又踏上了漫漫的旅程；马可依然和向导走在队伍的最前面。

很快，他们就踏上了驿路。再向前走就不需要向导了。驿路笔直而平坦，这是马可看到的第一个伟大的奇迹。通向每个省的条条驿路，纵横交错，穿过幅员辽阔的整个帝国，把各个地区和元朝的统治心脏大都紧密联系在一起。

每个驿站都备有马匹，大都的任何一条法令，都会在极短的时间内以接力传递的形式到达每一个角落。

大汗的金牌给马可他们带来了极大的便利，在他们投宿的几个驿站都得到了很好的服务，前进的速度大大加快。他们一路向东，经过叶尔羌、莎车、和阗、培因，直抵重镇罗布。而且，他们一行人来到的消息，也已经由急件信使送往上都。

罗布镇位于东北方，是世界上最大的罗布大沙漠的入口处。他们在车尔臣绿洲停了下来，一方面稍事休息，另一方面备办未来行程所必需的物品。他们整天在一起商议怎么走，这是最后一道关口了，但却是极为艰难的，因为驿站的人早已向他们讲述了沙漠的恐怖。

尼古拉一边在油灯下查看已经破旧不堪的地图一边说："我们一定要谨慎，不能冒险，否则将功亏一篑。"

玛杜显得胸有成竹："是啊，这可是我们没有预料到的。好在我们有了过沙漠的经验。"

马可神情凝重地说："不，叔叔，我刚才已经问了店主，还向其他居民打听了，情况要严重得多。这片沙漠太大了，要越过它最宽的地带是不可能的，因为至少需要一年的时间，我们无法装运这么长期的食物和水。我们必须选择最狭小的沙漠地带横穿过去，而这也要用整整一个月的时间。万幸的是，在路上还能找到十多处水源。但有3个地方的水咸苦不堪，无法饮用；其他地方的水还好，整条路线上没有野兽，也就找不到可靠的食物来源。我们必须找个好向导，否则偏离路线，我们会活活饿死渴死。"

尼古拉当机立断："这样吧，马可你去找向导；我去买骆驼，这是唯一能在沙漠中驮送货物的牲畜。玛杜，你去采购最少一个月的食品，备足水。"

当他们真正踏上这片大沙漠时，才发觉远远超出了他们的想象，眼前的一切让他们不寒而栗。

周围是无边无垠的荒凉，只有岩石、页岩和黄沙构成的山丘、平原和峡谷，连绵起伏，伸向天际。没有一点生命的气息，除了头顶的烈日和地上的人影，看不到一只野兽和鸟雀。宁静，可怕的宁静。

无情的酷热考验着他们的意志。灼人的热风吸吮着他们身上的水分，微细的沙粒像鞭子一样抽打着他们。砂砾和页岩中石英的反光，令人眼花缭乱，什么也看不清。马可依然和向导走在最前面，除了人们阵阵粗粗的喘气声，周围是死一般的寂静。

日子一天天地过去了，尼古拉和玛杜的精神逐渐地委靡下去，体力慢慢消逝在沙漠中。只有马可坚定如初，在他心中，那梦幻中的国土召唤着他，鼓舞着他。他不停地跑前跑后，照应大家，督促前进。

他们害怕迷路，不敢在晚上行走。茫茫戈壁滩上，到处看着都没什么区别。所以，当他们休息或睡觉时，都必须留下明确的标记，以使自己不要迷失前进的方向。路边时而可见的人畜白骨，在提醒他们这就是穿越大沙漠的代价。

沙漠中的海市蜃楼，那亭台楼阁、绿洲和湖泊，在诱惑着人们，他们要用巨大的自制力才能阻止自己奔向这些幻景。

到了夜间，各种声音幽灵般四处游荡，像在呼喊自己的名字。他们的精神处于极度紧张的状态。

有一次，尼古拉在睡梦中站起身来，摇摇晃晃地向那些声音走去，马可赶紧把他拉住了。马可不得不聚拢队伍，采取密集的队形前进和宿营。幸好富有经验的向导在每只牲畜项下挂了响铃，便于失散时容易发现，也便于管理。

20 天过去了，虽然经过最后一处水源时，马可尽可能地补充了水，但水的消耗量比以前要大得多，每一个皮囊都开始瘪下去了。马可焦虑地望着前面无边的沙漠，看看身后在疲惫、衰弱的马和骆驼旁蹒跚而行的人。让他最担心的就是父亲，他年龄最大，现在走路只是凭着坚强的意志硬挺着。

马可心想："如果四五天内走不过沙漠，可能有人要倒下去。"

一天，前面出现了星星点点的红柳和胡杨，向导大叫起来："已经到大沙漠的边缘了。"绝望的人们重新又燃起了希望之光。

征服了最后一道难关，马可真有一种从地狱里重回人间的感觉。他现在明白了为什么蒙古人会信萨满教，崇拜天神和地神。在浩瀚的苍穹、广袤的荒漠面前，人是如此的渺小，生命是如此的脆弱。这不可知的神意，让他顿生敬畏之感。

马可他们越过沙漠后遇到的第一个城市叫唐古忒沙洲城。马可他们在沙洲城作了短暂的休整，继续向东方前进，尽管前面还有一块小沙漠，但毕竟已挡不住他们前进的步伐。

1274 年秋，他们经过钦赤塔拉斯城、肃州城，到达唐古忒首府甘州。

他们抵达甘州城郊的驿站。尼古拉说明情况，并拿出大汗所赐的金牌时，提领非常热情地把他们让进大门，安排到较好的房舍歇息。

用过晚餐后，马可来到提领处，询问他是否可以在驿站多住几日，因为他发现父亲和叔叔的身体尚未全部恢复。

提领显得很为难，说：“马可先生，也许您不知道，驿站的给养是有时间限制的，大汗规定驿站只为使臣供应两日的给养，禁止滞留驿站。”

马可理解地说：“不知附近可有稍好点的旅店，我们可以住到那里去。”

提领说：“那怎么可以，你们是使臣。这样吧，我明天一早派人到甘州总管去报告，再作决定。”他随即命仆人把负责站务的副使叫来，一一作了安排。

第二天上午，一位官员匆匆来到马可他们的住处，要他们立即进府，总管要召见他们。他们跟着官员到了甘州衙署，走过谯楼仪门，上了正厅，总管已经在恭候他们了。总管对他们远道而来表示欢迎，尼古拉拿出乞尔曼的丝织绣品送给总管，总管捧着这些色彩鲜艳、绣工精美、式样新颖的丝织品爱不释手，一再感谢。畅叙一番之后，又在西耳房设宴为他们接风洗尘。

席间，在谈起他们的打算时，总管说道：“提领已经禀报了，既然身体欠佳，多住几日也无妨。”

尼古拉站起身来向总管致意：“太感谢了，大人。”

总管笑了笑，沉吟片刻说：“你们是大汗的使臣，同时又身负教皇之命，总不能就这样贸然而去吧！我马上派信使，上奏大汗，你们

先安心休息。"

于是，尼古拉和玛杜在驿站住下来，天天有酒有肉，悠闲自在。

马可坐不住，他四处游荡，把甘州城看了个遍。他不但常常到城里的三座基督教堂，还流连于各种寺庙。金碧辉煌的寺庙庵堂，千姿百态、栩栩如生的神像，让马可乐而忘返。

时间过得很快，转眼到了冬季。朝中依然没有消息，他们不免有些焦虑。尼古拉几次到衙署询问，总管说可能路上耽误了，让他们再耐心等待，反正严冬也难以行走。无奈之余，尼古拉和玛杜干脆操起了老本行，做些小买卖，倒也赚了不少钱。

冬去春来。一天，尼古拉和玛杜带着马可正在房里整理货物，总管派人要他们立刻去衙署。

正厅上坐着总管和两位官员，头戴漆纱制成的幞头，身穿绯罗服，腰系乌犀角带，足蹬皂皮靴，很是威严。看到他们进来，两人站起身来说："你们是尼古拉·波罗和玛杜·波罗吗？"

尼古拉取出金牌，恭恭敬敬地呈上。

其中一位高个官员举起一只手："我以忽必烈大汗——伟大的统治者，所有人的皇帝的名义，欢迎特使们归来。大汗已经起驾前往上都，我们奉旨前来护送你们。你们很多年没有音信，大汗等待你们几乎已经绝望了。"

在经历了漫长的紧张旅途跋涉和种种惊险遭遇之后，他们终于可以彻底放松下来了。一队戴着尖顶帽盔、身着皮甲、手持长矛的蒙古骑兵已经在恭候他们起程了。

浩浩荡荡的一行人马告别了甘州，途经凉州、宁夏的中兴府，天德、察罕脑儿，从张家口越过长城，直奔忽必烈的夏宫——上都。

忽必烈重赏马可

1275 年初夏，尼古拉、玛杜、马可历时 3 年半，克服了无数难以想象的困难，终于抵达元朝上都，教皇赋予的使命就要完成了！

辽阔的大平原上，耸立着一座雄伟的城市，这就是上都！

上都城北枕龙岗，南濒滦水，四山拱卫，佳气葱郁。皇城呈正方形，周围有高大坚实的防御城墙，整个城市呈一个东南包括皇城在内，四边各为 2200 米的正方形。城墙有 6 个城门，每个城门都是一个要塞。特使和护卫队到来的时候，装备精良的蒙古守兵纷纷敬礼。其他中国官员穿着宽袖的丝绸袍子，迎候他们去皇宫里的住所。

并建两都是从游牧风俗发展变化而来的，忽必烈即位之后，也仍然保留了春游秋逛、避暑趋暖的习惯。每年 4 月春暖草青，忽必烈便携同他的后妃、侍从，从大都来到上都避暑。百官诸衙都一一相随，上都就成了朝廷的行都。

为了促进上都的繁荣，忽必烈于 1265 年 5 月和 1270 年 5 月两次下诏，免征商税。上都因此而急速发展起来。

马可他们在护送人员的陪同下，向上都西门疾驰而去。金盔金甲的蒙古士兵守卫着城门，看到他们过来，连忙敬礼。

宽阔的街道，人群熙熙攘攘。驴、马、骆驼、帘门紧闭的轿子和马车，汇成了川流不息的队伍。肉铺、馒头铺、卖布匹的、卖香料的、卖古董的商人，叫卖糖果和熏鱼的小贩，卖鸟的、卖象牙雕刻的人，饭馆、赌场、庙宇和宝塔，挤满绵羊和山羊的院子，真让马可目不暇接。

他们被召见的皇宫，占了城市一半以上，是大理石再加装饰石头砌成的一座巍峨大厦，殿堂、厅堂和屋顶全都镀了金，内部装潢豪华，堪称艺术奇迹。皇宫一头与城墙连接，那里另筑了一道墙，围了一个很大的御花园。

花园里有湖泊小溪，花草繁茂，各种飞禽走兽漫步其间。花园中心的一片树林旁，是大汗的第二个宫殿，完全用竹料建成，实际上是可以折叠的大帐篷。

马可赞叹不已，就和父亲、叔叔被领进驿馆的正房内歇息。他们随即被引进了一间大理石浴室。马可坐在热气腾腾的水里，左盼右顾，一副难以置信的样子。他惊叹道："哦，上帝。这简直像个宫殿。"

尼古拉和玛杜看着他那种神情不禁哈哈大笑："它只是大汗的夏宫罢了。"

马可瞪大一双眼："我从来没想过竟会有这样的皇宫，就算是巴托路缪也想象不出来。"

他又看见腰间围着一块布的仆人正在向烧热水的大锅下铲一种黑黑的东西，不由惊奇地问："那是什么？"

尼古拉说："煤，用它来烧热水。"

马可让仆人递给他一块煤，奇怪地看着："煤，这不是黑石头吗？它从哪儿来？"

玛杜回答道："是从山里挖出来的。"

马可赞叹地说："没有人相信石头也会燃烧。"

尼古拉颇为得意："并不是所有人都会相信这一切的，除非亲眼所见，但只有勇敢的人才能见到这些奇迹。另外，马可你要记住，以后再看见什么，别像刚才那样大呼小叫。明天早上去觐见大汗，一定要守规矩，不能擅自说话，除非是直接向你问话。这些礼节你一直遵守不好。"

第二天一大早，他们就被人叫醒。用过早餐，换上了他们所能找到的最好的服装，随内侍向宫门走去。

他们从明德门进宫，顺着大道来到大安阁。大安阁坐落在宫城中央，是忽必烈于 1266 年移取汴梁的金南京熙春阁的材料所建成。大安阁华阙中天，峻宇雕墙，四面珠帘。镏金镶宝的宫殿正在晨光中熠熠生辉，檐角的风铃在轻声鸣唱。

马可两只眼都不够用了，他真以为自己到了仙境。

一个书记官走到他们面前，记下了他们的名字，两个内侍将他们上上下下搜查了一遍，告诉他们不能碰到门槛，违禁者要受到处罚。随后，尼古拉、玛杜带着马可，跟着书记官通过殿前长长的台阶，进入大殿内。

大殿内满朝文武，有穿蒙古服装的，也有穿阿拉伯服装、波斯服装的，甚至还有喇嘛，但殿内鸦雀无声。马可虽然很紧张，可跟在父亲和叔叔后面仍忍不住四下偷看。他注意到，这一伙伙的宗教徒互相都不靠近。

殿中央设有山字玲珑金红屏台，重陛朱阑；台上有御榻和后位；殿壁全部用描龙绘凤的绢绸蒙了起来，与大安阁的外观相比，殿内显得素雅而庄严。

尼古拉、玛杜和马可进入殿内，书记官在忽必烈及满朝文武面前高声唱名，列数他们每个人的名字及来历。唱名完毕，尼古拉、玛杜和马可依次向忽必烈跪拜。

忽必烈轻轻挥了一下手，书记官遂叫："平身！"

马可见父亲和叔叔站起来，也跟着直起身，此刻他才敢低垂着眼睛偷偷往上看。

高台之上，安放一个长而宽、用象牙制成、雕刻异常精美，并饰以黄金宝石的金色大汗宝座。忽必烈坐北朝南，头戴冕，顶板前后各有 12 旒，身穿青罗衮龙服。他中等身材，红光满面，蓄有一小束胡须，鼻梁高直而端正，一条辫子垂在脑后。他年纪虽已过 60 岁，但细长的眼中透出一种逼人之气。

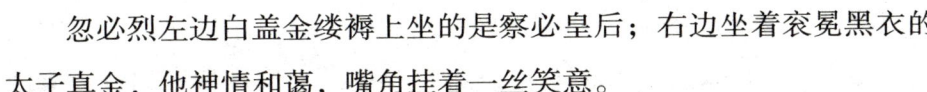

忽必烈左边白盖金缕褥上坐的是察必皇后；右边坐着衮冕黑衣的太子真金，他神情和蔼，嘴角挂着一丝笑意。

马可紧张的心情缓和了不少。

忽必烈说："你们终于回来了，朕很欣慰。这么多年了，朕怕你们是受阻于疾病或战争等偶然事故呢！"

尼古拉结结巴巴地说："陛下，我们正是被疾病和战争耽搁了。"随后，他和玛杜捧出教皇格里戈里加封的信件卷筒、镶有宝石的十字架，书记官将物品接过，放在高台下的礼物案上。

忽必烈赞叹着说："真奇怪！唯有你们的宗教将死亡的器具变成华美的物件——而且成为权力的象征。"然后把十字架小心地放回匣子里。

马可捧着一个以金制鸽为盖、装有圣油瓶的象牙盒子，走到父亲身边。尼古拉说："作为神赐福的象征，教皇给陛下送来了圣油，这是从耶路撒冷的圣墓里取来的。"然后有人把盒子传到忽必烈手里。

忽必烈把它放在膝盖上，看见尼古拉、玛杜和马可都在身上画十字，犹豫了一下才打开匣盖，取出里面的小玻璃瓶。贵族官员们都急切地伸长了脖子。

忽必烈把玻璃瓶举到眼前看了看，问道："这油真是从你们耶稣墓前点的灯里取来的吗？"

马可一只手按在心口上，回答说："确实是耶稣墓前的灯里取来的，陛下。"

忽必烈小心翼翼地将瓶子依旧放回匣子里，舒了一口气说："这的确是件珍贵的礼物，接受这种礼物应怀敬意。"

马可发觉，他们带进宫的几只精美豪华的水晶花瓶已经被安放在桌案上了。两个内侍悄无声息地走过来，拿起所有的东西，一一给忽必烈过目。

忽必烈打开信件卷筒看了看，交给身旁的内侍，命他立刻找人翻译出来。他又拿起圣油瓶，饶有兴趣地看看，脸上露出一丝不易察觉的微笑："朕叫你们带 100 个聪敏的教士来，这些就是你们没带来的理由吗？"

他们三个人吃了一惊，但看到忽必烈微笑着摆了摆手："朕在与你们开个玩笑，你们已经相当不容易了。"

他们这才大大松了一口气。

忽必烈又问道："朕见你们还带了一个同族人来，该不是学问渊博的教士吧？"他是指跟在尼古拉身后的马可。

尼古拉回答道："不是的，他是我的儿子，名叫马可。伟大的大汗，他从耶路撒冷开始，一直护送着圣油。"

忽必烈对年轻英俊、朝气勃发的马可第一印象显然极好，温和地问："他多大了？"

"21 岁。"马可说完，就知道犯了错误。因为四面都发出惊愕的喘息：不经皇上直接问话，他竟敢开口说话！尼古拉狠狠瞪了一眼贸然开口的马可。

马可后悔得差点要把自己的舌头咬下来。

好在忽必烈对他的过失并不在意，若无其事地继续说下去："朕宣旨，你们凭忠贞与诚实遵守诺言，返回朕处，值得嘉奖。你们的财产都为你们保存得好好的，而且朕还要全部加倍赐还。"

尼古拉与玛杜再次谢恩。

忽必烈很感兴趣地询问了沿途的情况。可是尼古拉和玛杜除了路途如何艰险外，说不出多少东西，因为他们心思多半放在生意上了。

倒是马可用简明易懂的语言，条理清晰地叙述了一切的经过情形：拉加斯的情况，玛本路库的史坦丁·拜巴鲁与小亚美尼亚的战争，阿津甘的喷油井、大不里士的商业、起而曼的军工制造业、花刺子模港、巴拉香宝石，帕米尔高原的险峻，西域风情以及罗布大沙漠的恐怖等，甚至于沙洲的殡葬仪式、哈密以妻女陪客的怪俗，沿途的地形、军事要塞、行路所用时间……

马可表述得清清楚楚。几乎所有的人都被吸引住了。

忽必烈的眼里溢出柔和的笑意，他对马可惊人的记忆力和语言能力、对人文地理精确的判断力极感满意。

马可告诉了他许多急于想知道的情况，因为当时海都举兵叛乱，军事威胁日益加甚，就在这年的正月，诸王火忽响应海都，南疆一带几乎失控，东西交通常常断绝。

而伊利汗国和元朝关系密切，旭烈兀曾在忽必烈的汗位争夺战中坚定地站在他一边，有效地牵制住了阿里不哥及窝阔台汗国诸王。但是，伊利汗国与撒拉逊人的交战情况因交通不畅而一直不甚明了。

马可的详细报告，解除了他心中很多疑问。

忽必烈高兴地对站立在下手的宰相安童说："宰相者，明天道，察地理，尽人事，兼此三者，乃为称职。马可先生堪称是一个活地图，有几个人能走过朝廷如此多的疆域而详察地理人情呢？"

他又转头对马可说："你要尽快把这些情况写出来，交给安童大人。朕很满意你的忠诚、热心和勤奋，特命你为怯薛，随侍朕的左右。"

忽必烈又对尼古拉和玛杜赏赐了很多珠宝。

马可他们立刻跪下谢恩。朝堂上响起一阵轻微的议论声，所有的人对忽必烈给予这些威尼斯商人的重赏感到有点惊讶，尤其是对马可的重用。

怯薛是由蒙古贵族和其他民族的高级官僚以及地方官之子弟充质子者充当，是世袭制。怯薛是宫中近侍，最接近皇上，并公开活动于内廷与外朝之间，口传圣旨，出使地方，甚或出任高官重职。马可这可算是一步登天了。

忽必烈对马可委以重用，一方面是因为他出众的才干；另一方面也是由于前几年发生的叛乱，他对汉人心生猜忌，转而重用色目人。

觐见已毕，忽必烈又在水晶殿举行盛大宴会欢迎他们。豪华的宴会、精美的餐具、美妙的舞蹈和神奇的魔术，令马可目不暇接。

尼古拉看着儿子兴奋的样子，轻声在他耳边说："你务必要谨慎。其实你并不了解这个国家，不然会出危险的。你看到没有，那个坐在大椅子上的喇嘛，他叫八思巴，是皇孙铁穆耳的太傅，兼掌管档案，权势极大。恐怕他是最不欢迎我们的。"

马可吓了一跳："为什么？"

玛杜悄悄地说："就因为我们是教皇的代表，他不希望我们出现在大汗面前。"

马可望着八思巴阴沉的面孔，陷入了沉思。

中国的特使

只有让勇敢和冒险也像机智一样让人敬佩，那么才可以征服大家的心。

—— 马可·波罗

与皇太子结成知己

觐见皇帝的第二天，忽必烈再次宣马可进夏宫。

马可走进宫内，看到了身穿便袍的大汗，他正躺在一张丝绸的躺椅上。这个巨大、豪华的蒙古包搭在幽静的密林中，光线透过网状的帷幔在地上构成奇妙的图案。室内寂静无声——除了一种定时的、微小的滴水声之外。

马可上前跪下，谈吐斯文，举止得体。他眼角一瞥，发现小桌子上有一艘中国战舰的模型，下面还有几张地图，他想问又不敢问。

坐在地上的真金太子显得疲倦无力，一只胳膊支在凳子上。

忽必烈问："你喜欢我们的宴会吗？"

马可说："我很荣幸能出席这个宴会。"

忽必烈冷冷说道："但你人在这里，心却跑到了别处。"

马可一下脸涨红了："请陛下恕罪，我再不敢分心了。"

忽必烈温和地说："你既然好奇，那就走过去看看吧，它只不过是我们的一个水漏钟。"

马可抬头看着那稀奇而复杂的机械，它好像浮在水上一样。

真金向马可解释道："它是一种标明时刻的器械，水以均匀的速度通过一个小孔漏出。每过一小时，就有一颗金球落入小杯子里。"

马可惊叹不已："真是太奇妙了！那你们这样就不用再靠太阳来报时了。"

忽必烈说："马可，你总是这样容易分心吗？"

"哦，恳求您原谅，陛下。我是最近才这样的。任何一天，如果我没有学到新的东西，我就觉得这一天是浪费掉了。"

忽必烈笑了："真金，你听到了吗？你们两个都很好学，会合得来的。"

真金高兴地笑了。

忽必烈又拿过地图，问了一些沿途的情况，马可指出了其中几个错误。忽必烈说："你父亲和你叔父都记不得了。你对于你所经过的地区记得很清楚，比我见过的任何旅行家都清楚。"

马可又一次感到不安。"凡是我感兴趣的，我就记得。"他稍稍挪动了一下膝盖，但他马上就说："陛下，非常抱歉。"

忽必烈笑了笑："朕明白了，你不习惯跪着，那你可以随便些，坐着或站着都行。"

真金对父亲的态度大为惊讶。

但忽必烈马上就补充说："但是，只有当朕和你单独在一起的时候。"

马可谢过之后就坐了下来。

忽必烈又问："你现在对朕说说，你对什么感兴趣？"

"嗯……好多，比如各处的风俗民情、宗教信仰和生活方式等。"

"说具体点。"

"比如当地人种什么庄稼，老人和病人如何照料，孩子们如何教育。还有主要贸易有哪些，像喀什噶尔的棉花、巴格达的珍珠等。当地有什么矿产，如和阗的美玉……"

"你能把一切都记在心上吗？"

"我写一点笔记，帮助记忆。例如，某一地区的主要产品，穿过该地区要走多少天，或者城市之间的距离等。"

忽必烈听得入了迷。"真金，你听到了吗？朕平时就是这样教育你的。这也是一个君主需要掌握的情况，要知道在什么地方屯兵，可以有多少税收，什么地方粮食有余，什么地方在闹饥荒。因此我们需要有准确的记录，必须研究这些记录。我们需要更好地了解我们的国土和人民。"

他们又谈了一些，忽必烈很晚才让马可回去，临行前说："真金总有一天要继承朕的皇位，而马可你却有一天要辅佐真金。现在，马可，趁你的记忆还很清楚，希望你去报告架阁库的八思巴老爷，你能提供的一切材料他都需要。"

"是，陛下。"马可站起来，深深鞠躬，刚转过身来，马上醒悟，忙又面向大汗，倒退着走向门口。

鼓声咚咚，锣鼓齐鸣，号角呜呜，喧声震天。夏宫中人们正在准备出猎，忽必烈已下谕旨，命打猎时马可随侍一旁。对这项殊荣，马可又是紧张又是兴奋，他早早就收拾打扮完毕，等着出发的通知。

尼古拉、玛杜对马可的受宠又是高兴又是担心，不停地在旁嘱咐着："要多多察言观色，不要信口开河、得罪大汗。"

这时，仆人进来通报，真金太子派人给马可送来一套猎装。能得到真金太子的赏赐对马可来说可谓喜上加喜，他连忙换上这套精致实用的猎装，拔腿就走。

马可往前走去，来到一个地方，一个新的东西吸引了马可的目光，那是他有生以来从未见过的：一条红绿相间的巨龙正在云端盘旋扭动，长长的尾巴剧烈地摆动着。原来有一个小孩拉着根双股麻线在控制它，周围是一群兴奋的儿童。

马可用手指点着说："这就像一张帆，风使它飘浮在天上。"

他的仆人陈葆告诉他："这条龙是一个风筝。大人，现在我们向这条路走。"

马可自小生活在威尼斯水城，从未见过这么大的狩猎场面。通常情况下，整整有1万鹰师随行，携带大批的大隼、游隼和许多兀鹰。这些人分为一两百人的小队，从各个方向进行狩猎活动，大部分的猎物被送到大汗那儿。还有约1万人的看守，分为两三人一小队，分散到彼此相距不远的地方。他们每人都有一个口哨和一块鹰的头罩，当必要时，用这样的东西便能唤回鹰群，使其免受危险。

如此浩大的阵仗，如此严密的组织，叫马可惊叹不已。他驰马飞奔，迅速赶到忽必烈身边。

忽必烈坐在象辇上。这是一种架在4头大象背上的大木轿子，轿子上插有旌旗和伞盖，里面衬着金丝坐垫，外包狮子皮，每头象有一名驭者。在狭窄山路上行走或穿过隘口时，大汗独乘一象或乘坐在由两头象牵引的象辇里。

更使马可感到震惊的是，在忽必烈的身后，有许多用马车拉的笼子，里面关着狮子和猎豹。这些猛兽焦灼不安地在笼子里踱步，偶尔发出嗥叫，牙齿一龇，能撕碎任何东西。个大体壮的猎狗在马车旁奔跑，它们与猛兽已很熟悉，彼此相安无事。

围猎开始了，在方圆16000米的范围内，人们从不同方向驱赶飞禽走兽，包围圈逐步缩小。林子里不断窜出鹿、獐、野猪、野牛等，灌木丛里惊起一群群飞鸟。忽必烈吩咐侍从放开手中的猎鹰，这仿佛是一声号令，其余人也放开手中的隼，打开猛兽的笼子。

一时间，秃鹰振翅高飞，狮子和猎豹一跃而起，追逐着猎物，其行动之敏捷令人难以置信。上千匹骏马，上百头猎犬，雷鸣般呼啸着，人欢马跃，惊天动地。蒙古人箭矢如飞，几乎人人箭无虚发。

跟随在忽必烈身边的马可看得目瞪口呆。但他也不甘示弱，取弓而射。这次围猎可谓大获全胜，满载而归。献给皇帝的猎物都先把内脏挖去，一批一批地装上马车。从这些猎物身上剥下来的兽皮，如果皇帝陛下认为合适的话，便留作军用品。

忽必烈看见马可娴熟的弓马技艺，大为惊讶，他问马可以前可曾打过猎。马可回答说来中国的沿途上曾打过一些飞鸟和小动物。于是，他又向忽必烈讲述他旅行途中所经过国家盛产的飞禽走兽，如在波斯帝国境内东部的起而曼王国产一种美丽而凶猛的隼，卡曼杜城罕见的大白牛、巴拉香王国的名马宝驹……

大汗对这一切听得津津有味。

马可超人的记忆、广博的知识和他的能言善辩、聪明伶俐，再一次给忽必烈留下了极深的印象。从其他侍卫们嫉妒的目光中，马可看到了自己受宠的程度，不禁有点飘飘然。

班师回朝后，忽必烈举行大型朝宴。有了上次朝宴的经验，马可不仅应付自如，而且透过一些令人眼花缭乱、目不暇接的现象又注意到一些有趣的细节。

他惊奇地发现，大殿上贮酒的器皿是一个高达6米的大樽，人们称之为"酒海"。这架酒海内镶白银，外缕以云龙，形似方柜，柜中有精金大瓮一具贮酒，柜四角各置一小瓮，分盛马乳、驼乳等饮料。

在列席酒宴的每两人前放置一把金杓，容量甚大，盛满酒浆，足够供8人或10人之饮。酒从酒海里舀出后即倒入杓内，人们再从杓内把酒倒入大金盅，随斟随饮。

马可不由得感叹，在威尼斯，最富有、最骄奢的贵族其豪饮滥喝的程度也无法与此相比。而在这儿，朝宴不断，这些贵族、重臣在殿上喝得烂醉如泥也能得到宽恕。

有许多侍从在皇帝和皇后周围伺候和料理饮食。这些人都用精美的面纱或绸巾遮住口鼻，防止他们呼出的气息触及皇帝和皇后的食物。

马可注意到坐在皇帝右边的真金太子面色苍白，无精打采，几乎滴酒不沾。真金发现马可在注视他，朝马可微微一笑，又对旁边的侍从吩咐几句。这位侍从走过来，低声告诉马可，真金太子命他明天去皇太子宫一趟。

马可感到一阵慌乱，但马上镇定下来，向真金鞠躬表示从命。

皇太子宫与皇宫的格局差不多，只是小桥流水、曲径通幽的景致透出几分清雅和细腻。真金在书房而不是正殿召见他。

马可走进书房，只见房中一排排都是书架，架上都摆满了书，恐怕有上千册。马可在教皇的府邸也未见过这么多书。

房间中央摆着一张巨大的紫檀木书桌，桌面金镶玉嵌，桌上摊着一本书，左首放着雕刻精致的砚台笔筒，右首一只青铜古鼎，烧着檀香鼎盖的兽头口中袅袅吐出一缕缕青烟。

马可向真金跪拜礼毕，抬眼望去，墙上挂着一幅幅汉字和用黑墨画的山水鸟虫，非常奇特。

真金见他在注视墙上，便说："这是宋代徽宗的字。他不是一个好皇帝，被金人掳去，羞辱致死。但他写得一手好字，翎毛丹青，瘦金体的书法，委实是妙绝天下。"

马可对这一番话似懂非懂，他只是觉得奇怪，真金似乎很推崇被许多蒙古人瞧不起的南蛮人的东西。不过，马可也能用来自另一个文明世界的人的心态去体味其中所蕴涵的浓浓的文化氛围。正因为此，他与真金相见恨晚，越说越投机。

真金留他用午膳，仆人呈上来的全是构成一幅幅美丽图案的精制菜肴，吃到嘴里鲜美异常。马可为此而惊叹不已。

太子宫的这顿午膳仿佛把马可带到了人间仙境，马可把自己的感受告诉了真金。真金笑笑告诉他，这是原来宋宫御厨做的。真金仍是那种态度，对宋代皇帝的统治之道十分鄙夷，但对汉文化的精华照单全收。

饱餐一顿后，真金不知不觉中也谈到返回大都的事宜。马可还从未见过大都，对这趟迁移十分感兴趣。但真金的神情却是淡淡的，马可感到，这位体弱多病、好静不好动的太子不喜欢这种带有游牧民族色彩的迁移。

返回元朝皇城

　　天气晴朗，碧空万里，从山口缺裂处纵目远望，可见一片沃野平原。

　　一年一度的大汗返回大都的迁移开始了。大汗每年在6月、7月、8月3个月在消夏的上都，到了8月26日，就起程回到正式的都城大都。

　　在开始之前，忽必烈采取蒙古人的习惯，命侍卫捧着羊肩胛骨到外面去烧，直至骨头变得跟炭一样黑，他再观察骨头是否被火彻底烧裂，如果是这样，他就可以出发了。

　　马可从旁人那儿得知，如果骨头裂成横斜纹，或者上面露出小圆点，那他就不可行动。

　　山口设一高大的祭坛，黄教僧人们从白马厩里走出来正登到上面，站到一个神龛前。他们把马奶倒入一个巨大的金钵里，在他们旁边还有宫廷其他宗教的教徒，一边是穿红袍的佛教徒，另一边是穿黑袍的景教徒，但仪式是黄教仪式。

　　这些奶是饲养在马厩里的10000多匹像雪一样纯白色的马的奶汁，除大汗一家人之外，任何人都不得饮用。据说，在8月26日将马奶洒在大地上，可以保佑本年风调雨顺，五谷丰登。

　　忽必烈就坐在旁边的一个高高的象牙御座上。马可和真金在大汗的右边。小皇孙铁穆耳站在他们身边。忽必烈的左边较低的地方，坐着皇后以及嫔妃们。他们的外面，是皇族中其他人。

　　马可看见会场中有许多人盯着自己，八思巴的目光闪烁不定，安塔哈的目光则明显含有敌意。马可也知道，在外围行列中，父亲正担心地望着自己。因为他曾经不止一次告诫过马可："不要出风头，树大招风。我们在这里不过是蒙他们宽容厚待而已。"

但是，马可很快就沉迷于这引人共鸣的仪式之中。

大汗和所有的皇族人员一律穿着白袍，皇帝头上戴着一顶珍珠镶边的白金皇冠。

黄教首领站在祭坛上，两手高高举起，一直在和其他人一起吟诵，但当倒入金钵的马奶将要满的时候，他的音量突然提高了：

成吉思汗骑上骏马，

这位伟大的可汗，王中之王，万民之帝，

天上的骑士！

永恒的蓝天诸神，把东方和西方、南方和北方，

全都交给了他。

把全世界的财富和人类子孙的生命，

都交给他那所向无敌的利剑。

他在马上驰骋世界，这匹神灵的白色骏马。

在他的命令之下，可怕的马蹄震撼了群山。

萧萧长嘶摧毁了强敌的堡垒。

呼出的鼻息令敌人胆丧。

白尾掠过，激起戈壁的热风。

白色的马鬃拂拭着星辰。

他坐在高高拱起的马背上，

他是英雄，是最英明的人。

他是征服一切的人，

他是蒙古人。

他念到最后一句时，几乎是高声尖叫起来，压过了鼓声和咒语之

上。观看的人一个个都跟着喊叫起来，马可甚至也跟着大声喊着："蒙古人！蒙古人！"

金钵满了，黄教僧首领转过身来，面向忽必烈举起双臂。

忽必烈站起来，走向祭坛。黄教僧首领从金钵里舀出一些马奶，倒进一个银杯，呈给忽必烈。忽必烈举起银杯，倒一点马奶在面前的地上，以示祭奠。然后他大声说："愿万世长存的蓝天诸神，在未来的一年里赐福给一切生灵，使人畜两旺，五谷丰登！"然后喝干了杯里的马奶。

黄教僧首领和助手们将大钵底部的塞子拔开，马奶倾泻到祭坛上，扩散开来，渗入干燥的土地。

上都广大辽阔、壮丽辉煌的夏宫里帐篷都拆卸了，毡毯全部卷了起来，家具什物也包捆好了。自始至终，鼓不断敲着，大汗忽必烈起驾朝着东南方向，向京城进发。

皇帝起驾离宫的场面极为壮观。数万名御林军在前面开道或殿后，皇帝仍坐着他那气势威武、豪华舒适的象辇走在中间，皇后、嫔妃和太子、诸王、大臣坐着由马、牛和牦牛驾的宫车跟在后面，有时则骑马。

整个队伍逶迤延伸数千米，连绵不断，缓缓地通过乡野。每经过一个州、府，县以上的官员都要在地界处肃立道旁，恭迎皇帝临幸。所经路线全有重兵把守，闲人不得靠近。

大王壮丽的行列，横越蒙古大草原，沿着永定河，经由八达岭，向大都前进。

一走出草原，马可发现一片迥然不同的景色：有不少低矮的树丛和灌木，也有开垦的农田，家民正在地里耕作，或者在放牧小群牲畜。稀疏的茅舍屋顶升起袅袅炊烟。一些孩童们正在嬉戏打闹。

马可异常兴奋，他与真金登上一个小山头，俯瞰着另外一个郁郁葱葱的山谷。两个人不约而同打马奔驰而去，一气跑了大半里。

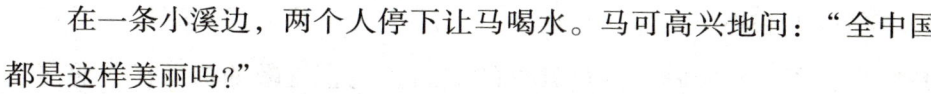

在一条小溪边，两个人停下让马喝水。马可高兴地问："全中国都是这样美丽吗？"

真金答道："我不知道，大概是这样吧。我正在用你的眼光来重新学习它。我母后说，你是你们的上帝派到我身边来的。"

马可嘻嘻一笑："我能来到中国，全是把父亲缠得不耐烦了……同时也真是教皇的恩赐。旅途漫长而艰苦，不过，只要对太子有帮助，再长再苦也值得了。"

他们向山外走，他们眼前，长城迤逦伸展，宛如一条巨大的长龙。

真金说："长城是从北方开始的，在嘉峪关你早已经看到了吧！"

马可惊讶得透不过气来："真没有想到！我当时还以为那是一个设了防的山谷，保卫进出沙漠的通道呢！长城有多长啊？"

真金回答："大约1500多千米，上面可以跑牛车。1000多年前就建成了，是为了保卫中国西北，抵御胡人的。"

马可不解地问："胡人？"他马上就明白了，带着歉意看着真金。

真金不以为然地笑道："不错，也包括蒙古人。不过现在长城只是一个纪念品，一件遗物罢了。"

天渐渐地黑了，所有的宫车都点起了灯笼，有大红灯笼，还有用白色灯罩的银灯，非常好看。

元大都从1267年开始兴建，此时还未建完。当初忽必烈命高秉忠负责城址的勘定、规划设计工作。他们到金中都城现场观察过，报告忽必烈，建议另选新址建城。

主要原因是1211年金中都曾发生一场大火，使金碧辉煌的中都变成了一座残存不堪的旧城。蒙古统治50多年来，城市遭到了更严重的破坏，到忽必烈选址时，已是"瓦砾填塞，荆棘丛林""太液池生秋草"的满目疮痍的破烂之城。

但忽必烈考虑到统治中国的大局，仍然在原址修建新城。

马可无法想象一座城市居然会如此之大。从一进城开始，马可就只恨少长了一双眼睛。巍然耸立的城门、笔直宽敞的街道，美丽多姿的钟楼和鼓楼，一切都让马可为之痴迷。

大都的南部中心是皇城——大汗的皇宫。那是一座惊人宏伟的高地堡垒一般的宫殿，四周建筑着高大、牢固的厚墙，每一面墙长达1000米。在四面墙角上，各立着一座华美的角楼，用作武器库。

忽必烈的大队人马行进皇城正南面时，马可看见前面有5座高大的红色城门。中间一座是专供忽必烈本人进出的。卫兵们转动着巨大的门轴，"吱吱呀呀"地向里打开。

马可和其他怯薛从门中进了皇城，他恍若置身于另一个世界：宽阔而精致的建筑，有金色琉璃瓦建造的大圆顶，有漆成朱红色的柱子，有大理石墙壁和地板，还有错落有致的小花园。皇帝是超出于万民之上的，只有皇帝才有权力采用鲜艳的颜色，所以外城的房子一片灰暗，而皇宫色彩艳丽，辉煌夺目。

马可在胸口画起了十字："上帝啊，我是不是到了天堂了？"

在这里，已看不到一个新崛起的游牧民族的草率和粗陋，看到的是上千年文明沉淀的精髓和多民族文化的融合。

大明殿挤满了王公贵族、文武百官。人人都服饰华丽，保持肃静。

朝廷第一权臣，摄政王阿合马出现了。他毕恭毕敬地向端坐在宝座的忽必烈跪拜下去，向大汗交还帝王的权杖。这权杖以象牙嵌金制成，顶上挂着一簇牛尾，象征着他的摄政王权力。

马可注意到，阿合马身材高大、瘦削，气宇轩昂，带有土耳其人的明显特征。马可还奇怪地发现，真金太子紧皱眉头，一脸不悦之色。

正式欢迎结束后，阿合马把波罗一行人请到自己的住处，这时，他才对尼古拉和玛杜表示个人的热烈欢迎。他握着他们的手，面带笑容说："朋友们，分别这么多年了，欢迎你们回来。我知道你们答应了就一定会尽力遵守诺言，不管经过多少艰难险阻。我见到你们非常高兴，和大汗一样快乐。"

尼古拉和玛杜都表示感谢："再没有比我们见到您更高兴的了，老爷。"

阿合马转向马可："这就是人们常说起的那个优秀的年轻人吗？"

尼古拉赶紧介绍："是我的儿子。马可，我对你说过，阿合马老爷是我们在中国的保护者和恩人。"

阿合马笑着说："我希望也是朋友。难得有你父亲和叔父这样精通商业贸易的人，年轻人，不要辜负他们的期望。"

马可谦逊地答道："我的一点才能都是父亲和叔父教我的，老爷。"

阿合马满意地说："说得好。听说太子很器重你，大汗也一样。他说你是唯一敢说他有错的人。"

尼古拉和玛杜第一次听说这件事，他们都惊恐万状。马可解释道："我当时忘记我是跟什么人讲话了，老爷。"

阿合马微微一笑："没什么，年轻人，不过以后可要注意喽！以后有事需要帮忙尽管来找我，我是你父亲的朋友，不必顾虑。"

父子三人愉快地告辞了阿合马。

因为尼古拉和玛杜从未来过大都，一来到此地后，他俩就开始忙着找房子。一时半会儿买不到中意的，他们便租了"系官房舍"，即官府掌握的房屋。马可由于在宫中当差，就暂住在驿馆。

刚到大都的最初一段时间，他们只要有空就四处闲逛，大都的一切对于3个威尼斯人来说都是极为惊奇的，完善的市政设施、丰富多彩的民间节日，都让他们赞叹不已。

马可则抓紧记他的游记，他写道：

大汗常在名曰汗八里之大城中，每年居留3个月。此城在契丹州这东北端，其大宫殿之所在也。宫与新城相接在此城之南部。

大汗曾闻星者言，此城将来必背叛谋反，因是于旧城之旁，建筑此汗八里城，中间仅隔一水。新城营建以后，命旧城之人徙居新城之中。

此城之广袤，说如下方，周围有12千米，其形正方，每方各有3000米。围以土墙，墙根厚10步，越高越削，墙头仅厚3步。

全城有12门。各门之上有一大宫，颇壮丽，四面各有三门五宫，盖城角亦各有一宫，美丽相等。

街道甚直，此端可见彼端，盖其布置，使此门可由街道远望彼门也。

对于尼古拉和玛杜来说，兴趣最大的莫过于去各类市场，牛市、马市、布市甚至炭市，一处不落。不过，当他们看到自己千辛万苦从波斯和中亚背来的丝绸珠宝竟然在大都随处可见时，他们不免觉得有点丧气。

很快，中书省就命尼古拉和玛杜到"斡脱所"任职。因为蒙古人不会做生意，也从来不想去做生意，所以常将金钱交给回回商人，令他们贸易以纳息，为避免纠纷，中书省特设了这个机构以加强管理。

尼古拉和玛杜对此大为满意，这不仅最大限度地发挥他们的才

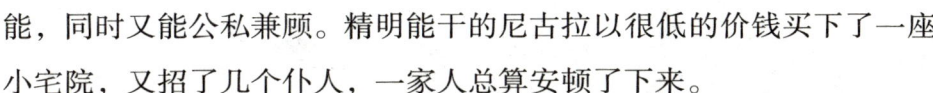

能，同时又能公私兼顾。精明能干的尼古拉以很低的价钱买下了一座小宅院，又招了几个仆人，一家人总算安顿了下来。

马可除了在忽必烈身边当差之外，最常去的地方就是太子真金和察必皇后处。察必皇后因为受忽必烈的母亲和鲁唆帖尼的影响，对基督教颇有好感，经常要马可为她讲《圣经》故事，马可总是尽其所能满足皇后的一切要求。他希望能尽快让皇后改信基督教，进而说动忽必烈。

马可对此信心十足，但尼古拉和玛杜却认为没有什么希望，他们已经发现，忽必烈虽然对各种宗教都采取宽容的态度，可自己的信仰是不可动摇的。故而两人不时给年轻气盛的马可泼点冷水，要他谨慎从事。

在太子宫中马可最轻松，在真金面前他很少有敬畏的感觉，对马可不明情况随口而出的话，真金常一笑了之。真金对《圣经》没有丝毫兴趣，他和大汗一样，只想听马可讲欧洲的历史和沿途的各种见闻。

参与边疆的战事

晨钟在黎明中响起，又是上早朝的时候了。庄严而烦琐的礼节对马可来说已是习以为常。马可自豪地站在大殿内的一角，注视着肃立两旁的文武大臣们。

忽必烈依然坐在高高的龙椅之上，默然无声地听着众臣们的报告，不时简单地说上两句。

在这种场合，阿合马总是主角，他有奏不完的事情。财赋税收、治安动态、赈济灾民……每件事似乎都那么紧急，但阿合马讲起来却有条有理，忽必烈脸上露出满意的笑容。

马可惊奇地发现，蒙古人没有文字，他们的文学和历史全靠口头传诵。由于马可与真金几乎形影不离，所以有好多时间和老皇后在一起度过，她还亲口给他们讲述她本人的青少年生活以及她与忽必烈的婚姻。

忽必烈是"天神骑士"成吉思汗的四王子拖雷的第四个儿子。成吉思汗死后，他勇猛的儿子窝阔台继承了皇位，窝阔台又将皇位传给侄子蒙哥，也就是忽必烈的长兄。蒙哥死后，忽必烈的另一个哥哥宣布继承皇位，但是被忽必烈打败，于是忽必烈自立为可汗，改国号为"大元"，成为元朝的创始人。

当然马可也能时常见到忽必烈大汗，他对大汗的聪明才智与豁达大度，印象越来越深。忽必烈喜欢让马可、真金与他清早一起骑马，详细询问他欧洲各王国的历史、地理和他们的结盟情况。他们在一起有说有笑。

退朝之后需要轻松轻松时，忽必烈也经常宣马可进宫。回宫的忽必烈少了几分威严，多了几丝慈祥。马可把自己知道的全部告诉了他。马可还与皇室的地图专家一起仔细审查他在旅程中所经之处的地图，改正错误。同时，马可还继续学习蒙语和汉语。

1277年，元朝灭掉了南宋，统一了中国。

1278年，25岁的马可开始对这种生活厌倦了，他并不是厌倦皇城的富丽堂皇，而是开始思索这富丽堂皇后面的含义：移动千万吨的泥土去垒成一个山头，这要铲多少锹啊？在修筑这雄伟城墙的过程中，谁能记得有多少人断送了性命？

他过不惯这种闲散的生活，心里想着："我要到外面去看看，看看皇城以外的老百姓怎样生活和工作。"马可把这种想法告诉了真金，本来怕真金会嘲笑他，不料真金却立刻就表示赞同。

有一天，忽必烈显得非常烦躁，马可紧张地站在一旁，有点不知所措。

忽必烈的语调低沉而急促："命阿合马进宫！"

刚出宫不久的阿合马又匆匆来到忽必烈的寝宫。

忽必烈看看面前垂手而立的阿合马，皱着眉头说："我早就让你派人体察民情，但你任命的这些人送回来的报告颠三倒四，不成样子。怎么会让这样的人当官？"

阿合马解释道："大汗，江南一带战争尚未结束，百废待兴。"

忽必烈对阿合马的解释并不满意："那西南一带呢？"

"四川境内战争刚刚平息，各地官员忙于稳定秩序，可能一时尚未顾及。再说他们是各守一方，多少受到限制，不如朝廷派人沿途考察。"

忽必烈心中一动，他轻声问："你看谁去合适？"

阿合马没有吭声，用眼睛看看站在一边的马可。

忽必烈一回头，笑了起来："马可的精明能干、细心博学正是最好的人选。马可，你去一次。你的任务是眼观四路，耳听八方，详细禀报你所看见和听到的一切。"

突如其来的任命，让马可既兴奋又紧张。能离开枯燥乏味的皇城去领略神秘而广袤的土地，这是马可的梦想。

忽必烈又郑重地嘱咐说："现在缅甸的国王是个傲慢自大的人。现在高丽国王同意称臣，年年纳贡。缅甸与中国边界相接，只隔一条湄公河。如果缅甸国王也同样愿意臣服我朝，那就消除了剩下的危险。其他较小的暹罗、柬埔寨等是不会造成什么威胁的。你要去摸清缅甸国王的真实意图，并且估计一下缅甸与孟加拉的财富。"

马可凛然道："大汗这一政策真令人钦佩，用一系列的结盟来防止战争。"

按照阿合马的吩咐，临行前马可专程前往阿合马府邸。

看着有点诚惶诚恐又面带感激之情的马可，阿合马颇有几分得意。

他以老资格大臣的口吻，滔滔不绝地说着："四川一带一直不稳，南宋的残余部队的抵抗是我们没有料到的；而云南又地处偏远，很难管理，6 年多前，云南王忽哥赤竟然被都元帅宝合丁和行六部尚书兼王傅阔阔带毒死，直至 3 年前大汗命赛典赤瞻思丁行省云南，情况才有所好转。马可，你此行的使命大汗已有旨意，多看、多听，大汗希望了解一切，而不仅仅是些干巴巴的公文奏折，明白吗？"

马可显得信心十足："大人，请放心好了！"

阿合马想起朝上的情景，不禁哈哈大笑："不放心就不会多看你两眼了。哈哈，这是你出行的文书，沿途驿站自会安排。"

尼古拉和玛杜知道马可将作为大汗的使臣巡访西南，非常高兴。马可能得到大汗的赏识，这是马可家族的巨大荣誉。两人千叮咛万嘱咐，恨不能把自己所知的一切旅行知识和为人处世之道全塞进马可的脑袋里，直至马可不耐烦了，俩人方才闭嘴。

马可收拾了一下简单的行装，带上一小队卫兵匆匆上路了。

真金一直送马可到达大都城外的永定河。这里舟楫往来，船帆如织，一片繁忙景象。

雄伟壮观的卢沟桥横跨两岸，24 个拱门优美的曲线、桥栏精美的雕刻，令这位生长在水城威尼斯的年轻人叹为观止。马可工工整整地在随身携带的小纸簿上写下了 4 个字：

无与伦比

除此之外，马可不知道还能用什么词来形容这座大石桥。

过了卢沟桥，西行 50 余千米，来到了涿州。10 天之后，马可一行进入山西，从太原、临汾直至吉州。这片广阔地区盛产丝绸与酒类，普遍种植桑树，蚕就是以桑叶为食的。

一行人随后渡过黄河，长途跋涉近 20 天后到达西安。这里归忽必烈的第三个儿子忙哥刺管辖，当晚就住在他的宫里。

然后他们又穿山越岭，跋山涉水，来到眉县汉中平原。经过这片人烟稠密的大平原，向西骑行了两个驿站远，再次走入山区。20 个驿站路程之后，马可终于抵达成都。

四川境内山清水秀，和陕西的黄土高坡迥然不同。尽管路途遥远，但是元朝的地大物博、名山大川都给马可留下了极为深刻的印象。

每到一地，马可都仔细地观察当地的社会、经济、民俗、物产等情况。

马可向大都送回报告，既有实际的统计数字，又有当地生活和风俗习惯的观察记录，内容丰富，从出产生姜和香料的主要中心地区，直至出产绿宝石和珍珠的县份。另外还叙述了宏伟壮观的成都府，它由 3 个小城组成，各自围有城墙，外面再筑起一个高大坚实的城墙，将小城合而为一。

离开成都之后，马可一行沿雅安、汉源北一直向西南方向前进。很快，他们进入吐蕃边缘。这一带野兽出没，人迹罕至，满目荒凉，路上很难依靠驿站为他们提供给养。

这时，他们遇到了车马商队，商人在营地近旁的浓密的竹林周围点起火，以保护马匹不受猛虎和野兽伤害。他们塞紧马的耳朵，并拴牢马脚，因为竹子受热膨胀，发出一连串巨大的爆炸声，把所有的野兽都吓出数千米之外。

马可暗自佩服："这些商人们的办法真行。以后回去时，如果能找到竹子，就不至于露营时要留人警戒了。"

他们横跨金沙江，穿过一个又一个荒芜的地区，依靠途经的几个破败的小镇补充生活必需品。一路上常常整天不见一个人影，寂寞伴随着马可，此刻他真怀念远在大都的父亲和叔叔。等到第 20 天的时候，他们终于看到了几个建在山岩高处的城堡，大家都欢呼起来。

随着地势的逐渐降低，他们进入农耕地域。

贯穿罗罗斯部居地，马可踏上了云南之地。他们不必风餐露宿，驿站提供了极为舒适的住宿条件，当然这是对西藏而言。

中庆终于到了。云南省治所在地果然不同一般。这是一个和内地完全不同的地区，风俗习惯、衣着饮食都有天壤之别。

云南省划为 7 个地区，由大汗的第五个儿子忽哥赤和孙子也先帖木儿分别治理。行省平章政事赛典赤听说马可一行已到，特命自己的儿子都元帅纳速剌丁为他们接风洗尘。

纳速剌丁对马可如此年轻而独担此重任颇感惊讶，尤其听到马可一口流利的波斯语和蒙古语后大为高兴，真有他乡遇知音之感。

行程已经 3 个月了，马可马上要离开云南，跨出国境了，路途变得更为艰险。

马可带上自己的卫队，沿着商人们的道路赶赴缅国。一开始的平原地带还有一些小小的村落，不时能遇到一些商人来这里做金银交易，因为这里盛产沙金。再往前是漫无边际的热带雨林，沿途所经之处渺无人烟，只有大象、犀牛和巨蟒等野兽陪伴着他们。卫队经常得提防黑熊、狮子的袭击。足足用了 15 天时间，他们才走出森林。

仰光城作为缅国的首都很是繁华，几百年来一直是政治与宗教的中心，一面有大江护卫，一面有筑有防护设施的城墙。百姓所讲的话，马可一句也听不懂，他也不想久留。有一双眼睛就够了。缅国留给马可唯一的印象，就是金碧辉煌、巍峨壮丽的弥迦罗塔。

缅王接待了马可，冷淡地接受了忽必烈大汗表示友好的文书。但他无意让缅甸成为蒙古帝国的附庸，无意接受蒙古人的法律和政策。他对马可本人倒很感兴趣，招待他好几天，询问他的旅行经历和西方世界的情况。

马可还发现，国王对他打算访问孟加拉心中不悦，但马可保证说，到孟加拉去纯粹是出于个人的兴趣。第二天一早马可就离开了仰光，国王没来得及阻止他。

马可带了一个孟加拉向导，骑马顺着海岸的沙地平原前进，遍地竹林，里面生活着大象和各种颜色的鸟类和恒河猴。

孟加拉的居民大都是印度教徒，也有许多回教徒。国王是回教徒的后裔，在 100 年前取代了崇奉佛教的国王。他热情地欢迎马可，急于要大汗赐予保护，借以抵制缅甸国王并吞孟加拉的企图。

这时有消息传来，缅甸国王正调集军队准备侵略中国南方的云南，并已下令要将马可在归途中杀掉。

马可迅速返回吉大港，雇了一艘快艇，带着卫队越过缅军重兵把守的缅甸港口，往南航行到更远的暹罗国海岸登陆，然后改由陆路跋涉。他们接连雇了芒族人和文身的高棉人向导，一直走到贵州。然后又折向西，到达云南的永昌州。

在这里，马可看到纳速剌丁已经率领 12000 蒙古骑兵赶到，这才松了一口气。

他转过头问马可："你去吗？"

马可点点头。

"来人，备马！"

纳速剌丁让随从拿了一套蒙古骑兵的铠甲，那铠甲以薄金属片叠接而成，骑在马上从颈项一直遮盖到肘部和小腿。马可拒绝接受。

纳速剌丁说："要么你穿上铠甲，要么你回总督府去等我们。我不愿做这样的人，去向大汗报告说，缅甸的长矛把你刺穿了，因为我们没有保护好你。"

马可只好接受了。其实穿上他才知道，手臂和腿部都不受束缚。

马可的动机一方面是年轻人的冒险心理，另一方面他想亲眼看看蒙古军队的装备和作战情况。这对于西方世界来说同样是极为宝贵的情报，天赐良机，怎肯错过。

战鼓咚咚，马鸣萧萧，部队开拔了。蜿蜒数里的大军威武雄壮，浩浩荡荡地向前开进。

在长时间的急行军中，马可终于发现了蒙古军为何骁勇异常的奥秘：蒙古人吃苦耐劳的精神极其顽强，有时粮食一时接济不上，士兵们就用马乳加水调成糊糊充饥，要不就用在森林里抓到的任何野兽当食物。

蒙古军队的将领们总是身先士卒，走在各自队伍的前列；士兵们对军官绝对服从，有着高度的纪律性。行军时，队伍两侧和后面都有护卫队，不必担心敌人的突然袭击；部队不携带扎营的帐幕，只有极少量的炊具，这就使得部队具有极高的机动性。

马可暗暗感叹道："这样的部队怎么能不征服世界？"

4天之后，大军就赶到镇西路金齿部落地区，部队刚刚安下营寨，率队先行的一位百夫长匆匆来报，缅王遣大将释多罗伯率士卒象骑6万人已推进到前方1万米处。

听到这消息，马可心猛地往下一沉，他再看看中军帐中的将领们，个个都面有怯色。马可在上都就领教了大象的威严，心里一直忐忑不安："以马对象能有几分胜算？"

纳速剌丁却依然稳如泰山，镇定地问："消息确实？"

"亲眼所见，我们悄悄随队观察了一天。最可怕的就是缅军象骑，大象身披铠甲，上面有小木楼，里面躲着4个手持弓箭的士兵，居高临下，威胁太大。"

纳速剌丁点点头，显然对这位精明能干的百夫长非常满意。将领们七嘴八舌地悄声议论，实力如此悬殊，大家一时都想不出破敌的高招。

纳速剌丁似乎没听见大家的议论，埋头在看面前一幅巨大的地形示意图，不时向百夫长和一位当地的土官核对着什么。他突然命令道："后退5000米扎营。"

这出乎所有人的意料之外，大家都用疑问的目光看着这位都元帅。

纳速剌丁解释说："这里是一马平川，没有任何障碍物，怎么挡得住象骑的冲击。后面1万米处是一块平地，右侧是一片树林，可以护卫侧翼，必要时可以退入林中，在树林里象骑无法很快行走，威胁将大为减弱；左侧是一条小河，同样可以减缓敌人的进攻速度。这样，我们就可以集中有限的兵力对付他们，明白了？"

大家恍然大悟，齐声叹服。部队拔营起寨，急速后撤。

马可骑马走在纳速剌丁身旁，他现在对这位比自己大不了多少的年轻元帅佩服得五体投地。

云南的秋日依然炎热难熬，只是到了傍晚才凉爽下来。正和纳速剌丁坐着闲聊的马可猛然想起一件事："大人，我觉得在队伍前面应该挖一条沟。"

纳速剌丁对这个提议有点莫名其妙："为什么？"

马可笑了笑说："这条沟不用太宽，这样马能越过而大象跨不过来，既有利于我们骑兵的出击，又可以挡住缅军的象骑。"

纳速剌丁连声大叫："高见，高见！来人，命令所有人赶快去挖沟。"

第二天清晨，纳速剌丁刚让部队列好阵势，就听得前方传来人喊马嘶之声，缅军步步向他们进逼。

马可认出缅甸国王和他的将领及掌旗官们一同骑在马上，并且清清楚楚地看见他停下来，取笑蒙古军队的力量无足轻重。国王巡视一遍，然后将象牙权杖一举，铜鼓隆隆打响了，接着小鼓也咚咚敲起，再加上笛子、铜号和其他乐器，以及缅甸人的叫喊，兵器拍击着盾牌，各种声音乱哄哄地在山谷中回响震荡。

这一切都是要刺激那些经过训练的象群进攻。那些庞然大兽半身披甲，牙齿包钢，背上驮着木头堡垒，里面藏满了弓箭手，真是杀气腾腾。

随着缅军的逼近，队伍中产生一阵小小的骚动。

纳速剌丁高声命令身边的传令官："告诉每一个士兵，成吉思汗的英名不能丧失在我们手中！不要慌，胜利不在于人数的多寡，而在于勇敢和纪律。"

几百头大象冲在缅军的前面，沉重的脚步声震得大地发颤。五颜六色的旗帜迎风飘扬，缅军士兵的呐喊声震耳欲聋，象骑阵势不可挡。

前头几排缅甸骑兵已经冲到壕沟的地方，地表上的遮盖一垮，骑兵便跌得人仰马翻，好多人马都掉了进去，而后面继续冲过来的骑兵无法及时停住，一层层跌进去，压在前面的人马身上。

纳速剌丁见此情形，立刻下令士兵们列成方阵，向象骑发起冲击，轮番开弓射箭。

象背堡垒里的缅军士兵也奋力还击，双方万箭齐发，矢如雨下。队伍中不断有士兵中箭倒下，但蒙古士兵一步不退，顽强抵抗。

蒙古人从小长在马背上，弓马娴熟，缅军士兵的箭明显不如臂力强大的蒙古人来得强劲有力。蒙军丝毫不顾居高临下的缅军弓箭，集中力量对准大象，尤其瞄准象眼、象鼻和铠甲中的缝隙，一阵猛射，片刻之间，大象周身中箭，活像一头头大刺猬。

创伤的痛楚和进攻者呐喊声的惊吓，象群四处乱窜，根本不听指挥，反而冲过缅甸骑兵的左翼，直奔密集的步兵队伍，冲得人仰马翻，一片混乱；一部分大象掉头冲入旁边的树林，粗大的树枝横扫象背上的堡垒，上面的士兵不是撞死摔死就是掉在地上爬不起来。

纳速剌丁发出简短有力的命令："吹号，上马，冲锋！"

左右两翼的骑兵越过长沟，呼啸着冲入敌军。马可发现蒙古骑兵的马镫特别短，这样士兵们可以很方便地站起身来射箭。而且骑兵们从不与敌军混战在一起，从两翼出击，尽可能用弓箭射杀敌军。

蒙古战马转向特别神速，这种高度的机动性，使他们能很快摆脱敌军的纠缠。在骑兵们的几度冲击之下，没穿盔甲的缅军伤亡惨重，阵脚大乱。

后面的缅军源源不断地向前冲来，他们跨过遍地尸骸，不顾一切地攻过来。

纳速剌丁高喊一声："命令所有士兵冲上去，压垮他们。"话刚说完，他策马带头前进，中军的士兵们一看元帅亲自上阵，勇气倍增，个个奋勇当先。

马可带着自己的小小卫队也紧随其后，杀入阵中。他手持自己的马刀，向四周乱杀乱砍，什么都不顾，一心只想将敌人的侧翼打垮。马可奋力向前冲杀，一路上照准敌人的身体和脸面砍杀刺戳。

霎时间，只见刀光剑影，肢体支离，血肉横飞，双方杀得难解难分，呐喊声、马嘶声，震天动地。

蒙古骑兵已经深深冲入敌军队伍，而马可就在其中的一个顶端上。释多罗伯的将旗始终没有后退一步，缅军的增援部队仍在往前涌。

突然之间，杀败象群的蒙古兵又从树林中涌出，重新跳上马背，冲进敌军的左翼，把敌军的骑兵彻底摧垮，溃散的马匹阻碍了步兵的前进，右侧的树林和左侧的小河使得人数占优的缅军无法完全展开队形，不利的地理条件制约了他们优势兵力的发挥。

缅甸国王想召集后备部队，派出几个分队掩护撤退，但到处一片混乱。现在开始了久经沙场的蒙古士兵的最拿手的战斗。他们在败退的骑兵之间杀开多条血路，杀入步兵队伍，凶狠残忍地大肆杀戮，杀声惊天动地。

临近正午，缅军终于招架不住了。国王带头后撤，士兵们一看主帅要走，顿时军心大乱，纷纷夺路而逃。蒙古兵紧追不舍，一直杀出十多千米。缅军丢盔卸甲，一路狂奔。

马可已经战斗了6个小时，他的右手感觉麻木，一看才知道溅满了鲜血，右臂一直红到肘部。他丢掉长刀，环视着周围堆积的尸体。在最后的两个小时里，他简直什么事都记不起来了，只记得砍呀，刺呀，只记得咆哮和尖叫的面孔。这时，他不能肯定他是否杀过人，但血是一个标记，这使得他发抖。他嗅到血腥味，忍不住想呕吐。

此战虽然蒙古军队也损失惨重，但毕竟赢得了彻底的胜利。

纳速剌丁很感激马可，因为在混战中马可曾数次率卫队挡住了缅军骑兵从侧面对他的冲击。纳速剌丁赞叹说："马可，你真勇敢，没想到弓马技艺如此娴熟。我还担心，如果找不到马可大人，大汗可能会要了我的脑袋呢！哈哈。你没有受伤吧？"

马可说："没有，大人。感谢苍天的神灵，如果缅军主帅不在此地发起攻击，而是设计将我们引诱到空旷地带，以象骑作为先锋，再展开左右两侧的骑兵，恐怕我们就难以脱身了。"

纳速剌丁听了哈哈大笑说："只可惜是缅甸国王没有事先来请教你，否则我们真就麻烦了。"

马可也不好意思地笑了。

此战不仅缴获了大量的军需品，还得到了200多头大象。得意扬扬的纳速剌丁口授了一篇战争报告，连同马可写的叙述一同封好，由信使通过驿路从云南直送大都。文件的羊皮纸封套上印着头等要件的记号，四角各盖有一个马蹄印章，边上还附了一根羽毛。

统一中国与巩固边疆的战事就此结束了。

出京考察江南

马可回到大都，已经是 1278 年的 1 月了。

回京之后，马可首先赶到宫中。退朝回来的忽必烈看到马可在内宫，大为高兴："我的英雄回来了。"

马可急忙跪倒叩头："此行全仗大汗天威所赐。"

站在忽必烈后面的太子真金背着手笑眯眯地说道："马可现在越来越会说话了。"

寝宫里，忽必烈坐在卧榻上，细细地品着茶，真金则坐在旁边的椅子上。

忽必烈吩咐道："赐座。"

内侍拿来一把小凳子，马可叩头谢恩，侧着身子坐下来。

忽必烈十分满意地说："你的报告我都看了，写得很好，有条有理，分门别类，清清楚楚，沿线的交通、物产、财政、货币，样样都有。"

马可知道忽必烈特别爱听各地的风俗民情，而有些情况也不便写入报告中，正好借此一并亲报，四川的野兽，西藏的麝香、像驴一样大的凶猛猎狗、兰列隼、神奇的巫术，云南的珍珠、绿松石，金齿部落的文身、镶牙和女人生孩子男人坐月子的风俗，还有就是藏边和云南一些部落用自己的妻女待客的古怪习俗，听得忽必烈和真金津津有味，啧啧称奇。

马可足足讲了有两个时辰，忽必烈还是一副意犹未尽的样子。

等马可讲完，忽必烈拍了拍手，一名内侍捧来一个托盘，上面金光闪闪，马可不敢细看。

忽必烈说："马可，为了褒奖你的勇敢，朕特赐你一套质孙服。"

马可喜出望外，他太清楚这对于自己是一种何等的荣耀了。质孙服是衣、帽、腰带、靴子配套的，衣、帽、带上饰有珠翠宝石，专门是参加大汗举行的极尽奢侈之能事的"诈马宴"时穿的，只有勋戚、大臣、近侍才得以赐。能得到质孙服，不仅是大汗的恩宠，而且是社会达官显贵的一种身份。

马可恭恭敬敬地叩了3个头，谢过大汗隆恩，退出了忽必烈的寝宫。

在出内宫的路上，真金对马可说："马可，大汗的重赐并非全部因为你在云南一战，还由于你冒险入缅，让我们知道缅国的一些情况；也由于你圆满地完成了这次使命。你没有辜负大汗的希望。"

马可谦逊地说："殿下，此行首先得益于大汗四通八达的驿站交通。没有它，很难会如此顺利。可惜所到之处大多语言不通，也只是浏览一番而已。"

真金满意地称赞说："你从局外人的角度去看，和久戍一地的地方官平日的报告是完全不同的。宋朝一个大诗人曾说过，'不识庐山真面目，只缘身在此山中'，就是这个道理。"

真金的两句诗马可一时无法领悟。正当他低头苦思时，真金长叹一声："唉，有的地方官竟然大字不识一个，只知画圈应付，花天酒地，这就是阿合马选派出去的好官。"

马可没有接这个话茬，他知道太子真金和阿合马不合。但父亲和叔叔曾经再三告诫，不能过多地卷入宫廷和朝内的纠纷之中，我们是奉教皇之命而来，在此为官并非最终目的，卷入过深，恐怕会有灾祸。这一点马可是始终牢记在心的。

一回到家里，尼古拉看到大半年未见的儿子，高兴得手舞足蹈。一家三人秉烛把酒，畅叙离别之情。

说着说着，尼古拉忽然发起了牢骚："马可，我现在快不知道自己叫什么名字了。"

马可奇怪地看着父亲，玛杜却在旁边捂着嘴直笑。

马可问道："为什么？"

尼古拉有点愤愤不平地说："云南一仗，你的名声朝内上上下下差不多众人皆知。别人一见我，就说这就是马可的父亲。怎么就没人对我说这是尼古拉的儿子，我还有名字吗？"

马可一时不知如何回答。

尼古拉端着酒杯笑得合不拢嘴："说着玩呢，高兴还来不及呢！"

从此以后，马可得到了忽必烈的真正赏识，也从原来的"马可少爷"被人称作"马可大人"。而且，马可在朝廷里的地位发生了戏剧性的变化。原先，大多数蒙古贵族都不大注意他，充其量也只是把他看作太子的一个朋友而已。而现在他们都来找他，请他赴宴或去行猎的请柬纷至沓来。

狡猾的汉族官员本来对一时受宠的新贵不大注意，只希望他早一天失宠垮台，但现在却不得不对马可小心翼翼，恭恭敬敬。

而马可依旧对所有人彬彬有礼，一视同仁，没有一点妄自尊大，这也赢得了大家的好评。

这一天，马可绕过东宫的光天殿，穿过曲折蜿蜒的柱廊，来到太子真金的寝殿。来到大都不到两年，马可已和太子真金建立了极好的关系。虽然他们是主仆，但马可在真金面前要轻松得多。真金很欣赏马可的正直、坦率，而马可也对真金的仁政思想极为推崇。

因为身处深宫，真金迫切想了解外面世界的一切，所以，有着敏锐观察力和渊博知识的马可就成了真金的一双眼睛。

马可向真金跪下行礼已毕，真金微笑着从书案后站起来，指了指边上的一把椅子，命马可坐下。

"马可，此次西南之行干得真不错。你要明白，各地的地方官虽然定期禀报当地的情况，但仅限于一地，或政治，或军事，或经济状况，从来没有人比较完整地从多方面对整个西南地区进行考察。你的报告让大汗对这一带的地理状况、风土人情、物产资源等有了一个形象而直观的印象，对于今后如何治理边疆地区提供了基本的参考依据。"

真金的高度评价让马可受宠若惊。本来他以为大汗只是喜欢听讲各地的风俗民情和奇闻逸事，所以他每到一地，都特别注意收集和采访这类材料，一有所见或有所闻，必定详细记录，以满足大汗的好奇心。

同时，马可也借此深入了解这个神秘的东方古国。他完全没想到忽必烈在好奇的背后有着如此之深的用意。他对忽必烈的雄才伟略佩服得五体投地，并以能在忽必烈的麾下效劳而深感三生有幸。

真金继续说道："马可，大汗不久可能又会派你出使江南。江南是富庶之邦，对于我们的财政至关重要，但并非每个人都明白这一点。当初刚刚攻下临安，朝中一些人居然提出有计划地屠杀全部南方人，把江南千万平方千米之地变成一个巨大的牧场，真是荒谬之极。只是因为北方急需南方肥沃土地所生产的粮食，需要有大批农民去种植，这才阻止了更多的人赞同屠杀。南宋灭亡后，江南一直不稳。就在今年4月，淮人张德兴起兵反元，攻克了黄州、寿昌，湖北震动；福建、广东一带还有一批南宋将领拥立益王进行徒劳的抵抗。"

马可聚精会神地听着，这一切对他来说是非常陌生的。

真金突然又说："如果派你出使江南，务必多看多听。另外，你注意尽可能了解一些有关日本的情况。"

马可听真金提到日本，不明白为什么，可又不敢多问。

初夏大都的清晨，风还带着一丝凉意。街道上悄无人声，文武百官已从四面八方匆匆赶向午门，早朝即将开始。马可赶在百官之前，穿过殿前左侧的日精门来到大殿内，站在安放着忽必烈御座高台的右侧。

文武百官刚刚各就各位，乐声响起，忽必烈大汗步入殿内。众臣三呼万岁、跪拜已毕，行丞相实权的平章政事阿合马出班启奏："大汗，杭州攻克已经两年多了，但是我们对南宋的税收情况依然不甚明了。从目前看，所得的税收非但没有增长，反而有所降低。是否再进行一次理算？"

马可发现，忽必烈面露赞许之意。不过，他觉得坐在忽必烈右手下方的太子真金面冷似铁，没有一点平日的自然可亲。

其实，马可对阿合马还是挺有好感的。这位大汗的重臣精明能干，正是他竭力推崇自己出使西南的情况报告，才使得众人为之刮目相看。

忽必烈对阿合马关于理算之奏大加赞赏，马上下令派人赶赴江南。

阿合马正要退下，忽必烈突然又说道："等一等，你安排一下，让马可也去。"

马可急忙来到台前，跪倒谢恩。果不出真金所料，大汗要派他去江南，马可暗自高兴。他抬头一看，真金正笑着冲他点点头。

两天后，马可带着三名随从向他称之为"蛮子省"的江南进发。

由于有阿合马签发的中书省文件为证，沿途的驿站为马可提供了比上次更加周到的服务，各地官府迎来送往，也增加了不少便利。

马可一行4人从大都出发，直奔南方130千米的河间府。这是贯穿南北的大动脉，即京杭大运河的起点。

马可搭上一艘船，顺运河南下，沿途经过枣林、清州、沧州、东昌。马可的双眼贪婪地注视着眼前展开的这一幅中原山水画卷，每天他都埋头案牍，记下所目睹的一切。

东昌往南不远就是重镇济南。马可决定上岸，专程去游览这座名城。他早就听说，这里曾发生过一次影响极大的叛乱，江淮大都督举兵反元，经过激烈的交战后，始将其平定。

15 年过去了，济南城已见不到当年征战的遗迹。城郊遍布美丽的园林和丰茂的瓜果园，城内繁华的商业令马可目不暇接。面对这座充满生机的城市，马可只能徒发思古之幽情了。

随着船的向南航行，沿岸的城镇越来越密集。岸上，稻花飘香，彩蝶飞舞；河中，千帆竞发，舟楫如织。元朝的地大物博，丰饶美丽，令马可叹为观止。

马可越过黄河，来到淮安。这里是早年宋元的边界，再向前就进入了富丽的蛮子省了。

淮安是一个兴旺发达的港口和贸易中心，从那里沿着石头铺的大道，他们乘马而行，跨过黄河三角洲的沼泽地带，抵达出产丝绸的城市宝应。

这一带，战争的影响似乎没有全部消除，不时可见一批批全副武装的军队守卫着道道关卡要塞。马可沿宝应、高邮、通州、真州，到达富饶而宏伟的江都市。

那天，马可第一次看到了长江。从底格里斯河到黄河，他见过许多名川大河，但从来没有见过一条江竟有 5000 多米宽。它简直像大海。马可及其随行人员凝视着这浩瀚无涯的江面，默默无言。

江对岸异常遥远，在薄薄的雾霭之中根本无法看清，江面水运繁忙，一长列大大小小的中国帆船、驳船、木筏来来往往，不见头尾。到达真州的时候，马可总是以"繁忙"来形容这个港口城市，但是实际上码头停泊的船只数还是吓了他一跳。

已经不能拿威尼斯来与此地比较了，从前威尼斯港在马可眼中是伟大无比的，但现在他数过了，通常每天都有 5000 艘船在这里停泊，装卸货物。他从蒙古收税官那里得知，每年有 20 余万艘船从这里逆江而上。

然后，他们改由水路航行，历经 3 天直抵商业城市扬州。也许是因为前两年战线推进很快，也许是因为南宋放弃抵抗，越向前，城镇保存得越加完好，尤其是扬州城，由于全国的统一，反而更为繁盛。

他曾读到过一封文件，说南方差不多有 2000 多个城镇，他开始难以相信，现在他相信了。扬州有几千米路长的码头，有许多庙宇和楼房，远远胜过其他所有城市。作为大运河的南端，它将长江流域的大量产物运往北方。它是马可所见到的最大港口，是一个包括 27 个中小城市的地区的行政中心，是食盐生产的中心。

马可接着用 3 个月时间考察了长江中下游地区，从工业中心南京，经襄阳直至重庆。重庆是贵州、云南、西藏等内陆地区经嘉陵江抵达长江进行贸易的中心。重庆再往上，长江就叫金沙江了。

船航行 30 天，他又来到了开阔的下游地区瓜州。这小小的城镇，因为正位于南北交通线上，是漕粮北运的重要枢纽。马可望着一艘艘北上的粮船，真正明白了开凿这条旷世奇观的大运河的真正目的。

马可坚持每 4 天发一班信使，把他的报告送到京城。

走了一天路程，当夜幕降临时，来到一个名宝应州的大城镇，居民信奉佛教。他们靠工商业维持生活，丝产量很高，并且织成金线织物，生活必需品极丰富。

和宝应相距一天时间的路程，往东南方向去，就是建筑很好、范围广大的高邮所在地。这里的工商发达，盛产鱼类，可猎取的飞禽走兽也很丰富，特别是雉鸡出产极多。

瓜洲城位于通往契丹省的交通线上，这里每年汇集着大量的小麦和稻米，其中最大部分运往汗八里城，供应皇帝的臣民。

从瓜州过江便到了镇江。虽然马可作为大汗特使，但他忘不了教皇赋予的使命。每到一处，他都详细了解当地的基督教情况，这次也不例外。镇江府知府麦塞杰斯是马可的老朋友，他是景教徒。他领着马可参观了他建造的两所基督教堂。

马可跑遍了当地的 3 座教堂，还抽空上金山。尽管金碧辉煌的金山寺中那神奇古怪的神像让他不明所以，可他依然兴致勃勃。

再向前，就是闻名天下秀丽的苏州城了。这座秀美的城市留给马可的印象是漂亮得惊人。此地以盛产丝绸和生姜著名，要不是使命在身，马可非狠狠买上一大批，那父亲和叔叔非乐坏不可。临河的小楼，弯弯的河道，座座拱桥，片片小舟，不禁让他想起了故乡威尼斯。

离开了苏州，经过 3 天的路程，就到了本次出行的最重要一站杭州。

杭州路的官员们早已得知马可要来，已经为他准备好了舒适的住宅。马可谢绝了他们的盛情款待，只是要求他们派人陪同四处看看。

在苏州时，马可以为这就是天下最富庶的城市，没想到杭州居然更胜一筹。苏州的意义是"地上的城市"，而杭州的意义是"天上的城市"。仆人告诉他，凡是到这个城市观光过的，回到家中都说他们已经到过了天堂。

南宋小朝廷百余年来的苦心经营，把这座城市建设得如此雄伟壮丽，大都在它面前也相形见绌。杭州完善的市政设施、四通八达的市内交通、鳞次栉比的深宅花园、种类繁多的商品、拥挤不堪的大市场，所有的一切都让马可为之痴迷。他从早到晚不知疲倦地四处奔走，似乎这惊奇的一切让他总也看不完。

杭州的街道和运河，都相当广阔，船舶和马车载着生活日用品，不停地来往于街道上和运河上。估计杭州所有的桥，有 12000 座之多。连接运河两岸主要街道所架的桥梁，都有高级的建筑技术，使桥身高拱，以便竖有很高桅杆的船只可以从下面顺利通过。

高拱的桥身并不妨碍马车通行，因为桥面在很远的地方，就开始垫高。它的坡度逐渐上升，一直升到拱桥的顶点。

杭州城内有 10 个巨大的广场和市场，街道两旁的商店，不计其数。每一个广场的长度都在 1000 米左右，广场对面则是主要街道，宽 40 米，从城的这一端直通至城的那一端。

运河跟一条主要街道平行，河岸上有庞大的用巨石建筑的货栈，存放着从印度或其他地方来的商人们所带的货物。这些外国商人，可以很方便地到就近的市场上交易。一星期中有 3 天是交易日子，每一个市场在这 3 天交易的日子里，总有 40000 人至 50000 人参加。

杭州街道全铺着石板或方砖，主要道路的两侧，各有 10 步宽的距离，用石板或方砖铺成，但中间却铺着小鹅卵石。阴沟纵横，使雨水得以流入运河。街道上始终非常清洁干燥，在这些小鹅卵石的道路上，车如流水马如龙一样地不停奔驰。马车是长方形的，上面有篷盖，更有丝织的窗帘和丝织的坐垫，可以容纳 6 个人。

从 26 千米外的内海所捕获的鱼虾，每天被送到杭州。当你看到那庞大的鱼虾数量，你会想到，怎么能卖完？可是，不到几小时光景，就被抢购一空，因为杭州的居民实在太多。

通往市场的街道都很繁华，有些市场还设有相当多的冷水浴室，有男女侍者分别担任招待。杭州人不管是男是女，终年都用冷水沐浴。他们从小就养成了这个习惯，认为冷水对身体有益。当然，也有热水浴室，不过专供外国人使用，因为外国人不能忍受那冰一样的冷水。杭州市民每天都要沐浴，沐浴的时间，大都在晚饭之前。

另外还有艺妓区，艺妓之多，使马可吃惊。她们衣服华丽，粉香扑鼻。艺妓馆设备豪华，并有许多女仆侍候她们。另外一个区域，则住着医生和卜卦算命的星象家。杭州主要街道的两旁，矗立着高楼大厦。男人跟女人一样，皮肤很细，外貌很潇洒。不过女人尤其漂亮，眉目清秀，弱不胜衣。她们的服装都很讲究，除了衣服是绸缎做的外，还佩戴着珠宝，这些珠宝价值连城。

马可想估计一下居民的人数，地方官员对他说，此城有十多万户。如果按每户 5 口人计算，不算来去不定的仆人、短工和游客，这数量就已经大得惊人了。

马可对他们如何统计这庞大的城市人口极感兴趣："大人，请问你们怎么知道人口总数的？"

"很简单，每家都把一家人的名字全部写在一张纸上，贴在门口，由里正、坊正统计后逐级上报，基本情况大致也就了解了。"

马可想：这倒是一个聪明办法，以后回到威尼斯不妨也建议元老院试行。

夜市千灯照碧云，高楼红袖客纷纷。星星灯火，为夜杭州添上了一份朦胧和神秘。酒楼上，喧声冲天。幽静的小巷中偶尔也会传出咿咿呀呀的琴声。

马可深深吸了一口空气中飘荡着的一缕芳香，对陪同的地方官员感叹道："这恐怕是世界上最美丽的城市，天堂也不过如此吧！"

"马可大人，你还没看到'淡妆浓抹总相宜'的西湖呢！它才是杭州绝佳处，明天我们找一个人专门陪你去看看。"

这么美丽的杭州城竟不能和西湖相比，那西湖成什么样子了？马可激动得一夜未曾入眠。

运气很好的是，他在察看市场结识的一位富商正好邀他游西湖。这位富商曾是南京的官员，有他作陪，马可不仅观赏了西湖，而且从他那里知道了许多杭州城的情况。

马可尤其喜爱那个大藏书楼，里面藏着宋朝的档案卷宗，一个又一个大厅，堆满了卷轴和装订好的手稿，涉及历代诗人、史学家、小说家的作品；还有最受崇敬的宗教经书，那是从古代传下来的，纸不能用手触摸，以免碎裂。

马可在这里发现了另一个奇迹，那是一部活字印刷机，可以一本又一本地接连印出书来，几百本书可以在几天之内就印好，而不是经过几个月的艰苦手工抄写才完成一本。

马可用这种吃惊的方法来衡量西方，这一发明对西方的意义使他无比惊异。如果书籍变得便宜而普及，那就可以人手一卷，而不是只有教会、贵族和富人才有，那该多好啊！

时光飞逝，转眼间马可在杭州已住了十多天了。这天，总管派人告诉他，大汗前来检查赋税的钦差大臣已到，请他一同前往衙门一叙。

杭州的官员逐一向钦差大臣禀报了一年来的赋税征收情况，钦差大臣边听边不时地翻阅呈交给他的各类账册。

市舶司官员开始禀报关税情况，接着又是盐税、农产税、粮赋等。一天核对下来，马可发现，除了年收入640万德克金币以外，杭州的其他收入竟然高达1680万德克。这天文数字令马可目瞪口呆，他简直不敢想象大汗有多少财富。

同时，马可也发现市舶对商船的什一税比较稳定外，其余虽有标准，但执行起来随意性很大。于是他准备回大都后建议大都制定合理的标准，参照南宋朝廷的档案，这样既使百姓安居乐业，而赋税又可以得到保证。

杭州视察结束后，马可下了最大的决心，才恋恋不舍地离开了它。一行骑马向东南方行进，经过衢州、福州，到达重要的商港泉州。与历史文化名城杭州相比，泉州是地地道道的商业世界。街道两旁满是茂盛的刺桐树，花开时节，如火一般的刺桐花将全城染成一片红色的世界。

印度的香料、宝石，波斯的地毯、银器……泉州就像一个巨大的商品博览会。来自海外的商人会集于此，交换或购买各自的商品。港湾内，桅杆如林；码头上，货物堆积如山。市舶司的官吏们每天都忙得焦头烂额。马可对泉州最深的印象，就是整座城市像大汗的聚宝盆，说它日进斗金绝不夸张。

马可在那里第一次看到了航海的大帆船，那是巨大的木船，有4

根或更多的桅杆，一个硕大无比的舵。由 6 个人掌舵。船舱有 60 多个，甲板下面装货的地方分隔成十多个不透水的货舱，以防撞伤船板。

考虑到东南沿海似有残余的南宋军队在活动，马可准备在泉州结束这次的使命。他告别了热情相送的泉州各官员，带着 3 名随从匆匆北返。

马可和一个有交情的阿拉伯商船船长一同由水路返回杭州，船长给马可看罗盘的奥妙。这也是中国的发明，有了它，跨越海洋就安全多了。

一路上，马可认真整理着记录，按经济、物产、风俗等门类写成一份份报告，通过驿站直送大都。

马可没有忘记真金的叮嘱，以扬州开始，他走访了附近的港口和泉州港的商船，尽可能寻找曾经到过日本的商人，尽管他不知道这是为什么。令人失望的是，去过日本的商人虽有，但都只是停留在港口，对内地的一切也是道听途说。马可花了几个晚上，总算整理出一份关于日本情况的报告。

马可对日本作了详尽但离奇的描述：

日本是位于东洋之中的岛国，面积很大，由无数岛屿组成。居民信奉佛教，不受任何外国控制。

岛上物产极为丰富，有许多珍贵的香料和药材，还出产大量的珍珠宝石。日本完全是个黄金之岛，黄金储量极高。

王宫的屋顶是用金色的铁皮覆盖着，天花板也是用贵重金属做成的，房间内有很厚的纯金小桌，窗户也用黄金来装饰。因为国王严禁黄金出口，所以要想以通商的方式取得日本的黄金是不可能的。

报告写完，马可将它密封好，亲自送到急递铺，以紧急文书的形式直送大都宫内。

然后，马可在扬州停留了3年，督办征日船只和考察赋税工作。

一个秋日的上午，马可带着仆人巴哈丁去扬州附近的村庄散步。他发现这里的村民似乎对他很不友好，甚至是敌视。马可命巴哈丁找来当地的里正询问情况，里正告诉他，可能是百姓以为他们是收税的。

马可想想也有道理，可他好像觉得里正支支吾吾的话语里隐藏着什么。马可尽可能和颜悦色地说话，以安抚这位战战兢兢的里正。里正总算相信了眼前这位高鼻深目的大官是个好人，一股脑地发泄着心中的怨气。

里正抱怨说："大人，造船备军需要多少钱哪！平时税收就没停过，现在让人上哪里去弄钱?！完不成就把人抓起来坐牢。"

他又用手指了指不远处一座低矮的破草屋，"看到那房子没有，原先和和美美的一家人，男的坐牢，女的上吊，剩下老的老、小的小，怎么活下去?"

马可很奇怪："这次附加的税好像不太高啊。"

里正冲口而出："朝廷也许定的不高，可层层加税，中饱私囊，再加上'鼠耗'、'份例'，交的比正额都多。"

马可非常气愤："你们为什么不告这些贪官?"

里正愤然说道："上哪儿告？我看大人恐怕才来，见多了你也不奇怪了。"

马可对这一切极为震惊，他又另外到四乡去巡视，发现有的地方情形更糟，百姓民不聊生以致群情激愤，而下面的官吏们不顾百姓死活，拼命搜刮钱财。

马可决定立刻去找扬州的达鲁花赤，要求他严厉约束下属。可是，平日彬彬有礼的达鲁花赤对他的提议不屑一顾。后来马可才明白，原来这些民脂民膏也有这位大人一份。

马可决定亲自去找行省平章政事忽辛，向他报告情况，要求尽可能减轻赋税。

忽辛的年纪并不比马可大多少，却已是封疆大吏。他竭力装出一副老成的样子，认认真真地听了马可的报告，然后拍案大怒："太不像话，此事一定要严办。搜刮钱财，抢占土地，就不怕激成民变？大汗宽仁为本，减免了南宋经制、总制100多项苛捐杂税，就是要休养生息。也怪我平日政务繁忙，失于督察。这样吧，你先回去，我来处理此事。"

马可深为忽辛的刚正不阿所感动，重新又鼓起了自己的信心。

时间一天天地过去了，一切依旧。马可心中苦闷极了，他想拼命工作，但督促过紧，民夫更为凄苦；放任不管，又怎么对得起大汗的重托。

马可叙述扬州时写道：

从泰州发足，向东南骑行一日，终抵扬州。城甚广大，所属27城，皆良城也。此扬州城颇强盛，大汗20男爵之一人驻此城中，盖此城曾被选为12行省治所之一也。

奉大汗命，治理此城3整年。居民是偶像教徒，使用纸币，恃工商为活。制造骑尉战士之武装甚多，盖在此城中及其附近属地之中，驻有君主之戍兵甚众也。

1281年的秋天，中书省的一纸公文召回了他，但临行之际，没有人为他送行，行省平章政事忽辛对他的登门辞别也避而不见。

此后，马可坐上一只官船，一路上沿着大运河回到大都。

船到埠头，马可很惊讶，真金竟带着一个仪仗队前来迎接。当他们骑马一齐走向皇城的时候，真金告诉他："你现在在京城已经是赫

赫有名了。你送回来的一大堆报告，不仅有乡土、资源、物产，而且还说明了当地的居民及其风俗习惯、宗教信仰、特殊事件和引人瞩目的建筑……这引起了大汗和御前会议的兴趣，然后从架阁库传到朝廷和贵族，传到全城，直至人人都渴望听到你送来的报告。"

真金最后感叹地说："关于中国东南部地区及其 4 个主要省份，过去从来没有编制过这样的叙述。你展现了一个奇迹的世界。我多么希望能和你一路去啊！不过，通过你的报告，我至少已经用你的眼睛目睹过它们了。"

来到皇宫，忽必烈亲热地欢迎马可，他对八思巴说："真像一个走失的儿子回家了。"

马可的报告再次证明了：治理南方，忽必烈坚持统一的政策是巨大的胜利！从南方汲取无穷的财富，远胜过掠夺和屠杀。

晚宴专为马可接见洗尘，尼古拉和玛杜也一起坐在最前头，接受满朝官员的举杯祝福。尼古拉感叹道："我真没想到会有这一天，我之所以受到如此尊敬，竟因为我是马可·波罗的父亲。"

第二天，忽必烈亲授他"诺约克"的称号，颁发了一张御旨，一块刻着狮头的金牌，确认他的贵族品级，地位相当于蒙古军队中的万户长。

发觉宫廷矛盾

有一天，马可回到家还没站稳脚跟，外面就传来了一阵急促的敲门声。他吩咐仆人开门。

来人进来后还是气喘未定："马可大人，阿合马大人请你立即到他府上去。"

马可辞别了父亲和叔叔，随来人赶到了阿合马的豪华住宅。

阿合马坐在椅子上悠闲地品着茶，看见马可进来，微笑着站起身来表示欢迎。马可行礼已毕，在旁边的椅子上悄然坐下。

阿合马高度评价说："马可，你没有辜负皇上的重托。你的报告太棒了，大家都很感兴趣，很多人都想亲自去看看这些地方。你的建议深得皇上的赞许。之后，南宋朝廷的档案文书一齐被运到了大都，这几年没人好好整理，赋税多沿用旧习，只是略加删减。这次一定要彻底清查，这样既可以增加税收，又可以减免不必要的税收，以示皇上体恤百姓的圣意，也免得地方官吏营私舞弊。"

趁此机会，马可把在扬州的所见所闻，尤其是官吏的腐败，一一作了禀报。阿合马听着听着脸沉了下来，把手中的茶杯往茶几上重重一摔："太不像话了，简直没有王法了！如此敲诈百姓，是可忍孰不可忍？！此事一定要严查。这样，你先回去好好休息一下，然后整理一份报告，先呈交太子殿下。扬州官府的情况暂时别写，待我查明后一并上奏皇上。"

马可鞠躬答道："谢谢大人的关心。"然后就退下了。

回到家中，马可把见阿合马的经过详细地告诉了父亲和叔叔，尼古拉和玛杜见马可取得如此成功，又得到大汗的赏识，都很高兴。

马可忽然问道："我有几件事不是很明白。为什么阿合马大人要我先报请太子殿下呢？以前从来不是这样。"

尼古拉说道："好像是在1279年的10月，大汗正式下诏，令太子燕王参决朝政，凡中书省、枢密院、御史台及百司之事，全部先启后闻，先报请太子处分，然后奏闻大汗认可，如果处分有不妥之处，大汗再以诏敕的形式裁断。"

马可高兴得大叫一声："太好了！太子殿下亲政，肯定面貌一新。"

尼古拉忽然郑重其事地说道："马可，我们想提醒一件事。你得到大汗的信任，并且能追随左右，自然是好。可有些事情你不宜牵扯过深，不要忘了我们来这里的使命。"

马可一时没明白，说："我当然没忘。每到一地我都很详细地考察宗教情况，几乎每一个基督教堂我都去过。"

玛杜直截了当说："我们指的是阿合马大人。阿合马和太子殿下关系越来越紧张，我们担心早晚会出事。一边是太子，一边是大汗最信任的宠臣，你夹在中间怎么办？"

叔叔这番话像一盆冷水浇在马可头上，他一下清醒了不少："太子殿下对阿合马大人没什么好感，我早就看出来了，可没想到是这样。来这里6年，倒有4年在外面，有些事情不知道，以后一定小心。不过，教皇要我们劝说大汗改奉基督教，恐怕很难。"

尼古拉叹了一口气："我们也知道。上次大汗派我和你叔叔作为特使到罗马教皇那里去的时候，我们曾经委婉地问起过。大汗认为这些国家的基督徒都是没有知识、没有能力的人，没有法术，也不会创造奇迹。而佛教徒可以为所欲为，有各种各样的法术，会呼风唤雨，有求必应。如果他改奉基督教，朝廷中的贵族和不信基督教的人问他有什么理由去改奉，他将无话可说。所以大汗要求教皇派100名精通七艺的修士来，显示基督教的能力，压倒佛教徒，大家才会群起仿效。可惜教皇派不出这么多人，就是派来的两个，半路还逃走了。"

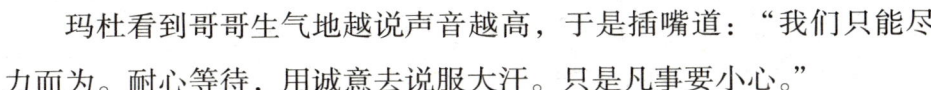

玛杜看到哥哥生气地越说声音越高，于是插嘴道："我们只能尽力而为。耐心等待，用诚意去说服大汗。只是凡事要小心。"

马可虽然嘴上答应了，可也没怎么往心里去。

由于分项报告在途中就已陆续写好送至大都，马可很快完成了最后的报告，随即来到东宫，面呈真金。

真金一边看着一边与马可闲聊。忽然，一名内侍急匆匆进来报告："禀太子殿下，阿合马要杀江淮行省左丞崔斌。"

真金闻听大惊，继而神情恻然，他把筷子一扔，立命内侍前去救止。

房内一片沉默，这种等待是残酷的。不一会儿，内侍回来禀报，崔斌已被处死。

真金重重地拍了一下桌子，愤愤地说道："你看到了吧，阿合马多厉害，连我都庇护不了这些大臣。"

马可不解地问道："为什么要杀他？"

"崔斌为人正直，他向大汗揭露了江淮行省平章政事忽辛和阿合马贪赃枉法、横行霸道的行为，于是就遭到他们的诬陷。"

马可大吃一惊，万万没料到原来阿合马是最大的贪官恶臣。他急忙把扬州的情况以及自己所做的一切原原本本地告诉了真金。

真金对马可的冒失觉得又好气又好笑："你知道忽辛是谁？他就是阿合马的长子。你向阿合马告他的儿子，真是荒唐。幸亏你一直在大汗身边，大汗知道你的为人，很信任你。否则的话，你这次也要陪崔斌去了。"

这番话吓得马可出了一身冷汗。平素对他和颜悦色而又精明能干的阿合马居然如此恶毒。马可此刻想起了父亲和叔叔的忠告。

马可正忐忑不安时，真金又问他："你从扬州为什么突然回来了？"

"是中书省的公文！"

"什么中书省，阿合马怕你继续调查上告，干脆把你调回来，免得你碍事。这对于一手遮天的阿合马太容易了，用的什么借口？"

马可答道："说是征日已经结束。"

真金喃喃道："征日？"脸上一副无奈的神情。

马可不明白征日失败的前后经过，看真金不愿多说，也不敢多问，谈了一会沿途的情况就告退了。

马可闷闷不乐地回到家中，一个人闷坐不语。等尼古拉和玛杜从衙门回来，他连忙询问此次征日的情况，从他们口中，马可方才了解了真相，明白了当初真金要他探听日本之事的原因。

原来，忽必烈曾数次遣使劝谕日本来朝，每每遭到拒绝。1274年，忽必烈曾派兵征伐日本，结果无功而返。南宋平定后，忽必烈又遣使日本，结果使者杜世忠等一到日本即被镰仓幕府处死。忽必烈决定再次征日。1279年，下令扬州、湖南、赣州、泉州制造战船600只，以备军需。

1281年5月，征东行省右丞圻都、洪茶丘和都元帅金方庆率蒙古军、汉军、高丽军共4万人组成东路军，从高丽合浦出发，在日本志贺岛登陆，激战未胜，又退到鹰岛一线；6月，行省右丞相阿塔海、右丞范文虎等率10万新附军组成西路军，从庆元、定海出发，与东路军会合，谁知行省指挥官内部矛盾重重，逗留鹰岛一个月无所作为，后来突然遇到一场罕见的飓风，船碎人溺，将领们争相选好船逃命，把士兵留在岛上。

日本来攻，元军几乎全军覆灭，只有2万多人逃回。圻都、范文虎等人向大汗谎报军情，说是下属不听指挥，临阵逃脱，他们不得不率余军撤回。后来是被俘的士兵设法逃回，大汗才知道真相。

马可恍然大悟："当初我下江南时，太子殿下要我收集日本的情况，原来早有征讨日本的打算。"

玛杜笑着说："你说日本遍地黄金，朝内上下几乎人人皆知，出征的人都以为要大发一笔呢！"

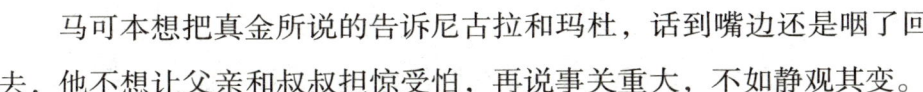

马可本想把真金所说的告诉尼古拉和玛杜，话到嘴边还是咽了回去，他不想让父亲和叔叔担惊受怕，再说事关重大，不如静观其变。

这天，忽必烈特地命人召马可进宫。他靠在长榻上，津津有味地听马可讲各地的趣闻逸事，脸上不时露出一丝愉悦的微笑。此刻的忽必烈不像是威震天下的大汗，倒像一个和蔼的老爷爷。

马可又陪着忽必烈聊了一会儿，见他有点疲倦之意，连忙叩头告退。

马可刚走出大明殿前的日精门，就见太子真金前呼后拥地过来，马可急忙过去请安。刚说了没几句，阿合马忽然从旁边拐了过来。

阿合马也看到了真金，本想避开，不料真金已发现了他，只得硬着头皮过来。

真金根本没正眼看一下跪在地上的阿合马，手中玩着一把做工极为精致的小雕弓。

阿合马见真金不说话，也不敢私自站起来。

平日随和宽厚的真金变得严厉暴躁，他厉声问道："你现在官做大了，成了丞相，可以想做什么就做什么了。"

阿合马头一低，连声称："不敢，不敢。"

真金冷笑着说："不敢？你敢得很。大汗有诏，凡事先启后闻，你禀告我了吗？连大汗的诏谕尚不放在眼里，东宫算什么。"

阿合马脸上冷汗直流，颤抖着说："大汗诏谕时刻牢记在心，岂敢有事不先禀告太子殿下。"

真金眼中快喷出火来："那诛杀崔斌的事怎么说？"

"这是大汗……"

阿合马话没说完，真金再也忍耐不住，抢起手中的弓，对着阿合马的脸上就砸下去，阿合马脸上顿时皮开肉绽，可他一动也不敢动。

真金愤愤地跺了一下脚，转身就走。阿合马依旧低着头。

马可静静地站在一旁，看着阿合马被揍，心里实在高兴。趁阿合马没瞧见，他也悄悄地溜了。

第二天上朝，马可以为阿合马会称病不出，谁知他竟准点而来。

忽必烈注意到阿合马脸上的伤，问道："你脸怎么会伤成这样？"

阿合马看了看坐着的真金，不敢直说，谎称是不小心被马踢伤了。

真金鄙夷地瞧着阿合马："你还耻于讲明实情吗？这是我揍伤你的呀！"

忽必烈有点惊讶地望望真金，没说什么。阿合马尴尬地站在那儿。

虽然阿合马被真金当众折辱，但马可看得出，阿合马仍然不把亲政的太子真金当回事，他仰仗忽必烈的宠信，我行我素。

阿合马被刺杀身亡

1282 年 3 月，大都非但见不到一丝早春的踪迹，反而觉得比冬天更冷，寒风在大街小巷中呼啸，市面上冷冷清清。

忽必烈始终保持着游牧民族习性，他不愿因气候而更改北巡上都的时间。整个宫中都在为忽必烈去上都消暑而忙碌。

忽必烈亲自选定吉日，准备起驾。皇后、嫔妃、太子、诸王、大臣们一起随行。皇宫前的广场上，数以千计的宫车一眼望不到头。忽必烈的御用之物和大批牛羊畜群早已起行。身穿各色宝相花袍、头戴锦帽的怯薛卫士作为前导，开始向前引进；一群群头戴金凤翅兜鍪、身披铠甲、足蹬云头靴的将军们护卫在御驾左右；文官们骑马紧随其后，鼓乐喧天，车声隆隆。前锋已经走了半天，殿后的队伍还没离开广场。

这次北巡，贺胜抢着要去，马可正想好好休整一下，乐得做个顺水人情。他和留守大都的官员们一直把大汗送到距大都健德门 1 万米的大口，众人才止住脚步。待回到城里，已是上灯时分。

缺少了大汗的皇宫一下变得空空荡荡，悄然无声。阿合马照例镇守大都，统管一切。整个权力中心已经移到了上都，大都只剩些商人。

马可除了按时进宫当值，别无他事，闲暇之余，或走马观花，或陪陪父亲和叔叔。他第一次享受到如此悠闲的生活。

但是，马可很快觉得这种悠闲、平静中有点不对劲，他总有一种要出事的预感。连续 3 天，马可都发现皇城之外有三三两两的人在窥视宫内，这些人似乎不像是好奇，而且一般人也没有这个胆量在这一带停留，其中有两个人很面熟，可就是一时想不起来在哪儿见过。

马可满腹狐疑，但并没有急于上报。

这天，留守宫内的怯薛长正好要马可送一份公文到枢密院，他来到枢密副使张易的门前，门紧闭着。马可敲开房门，发现屋内除了张易外，还有两个人，他们见马可进来，神色惊慌。马可一下认出这两个人正是经常窥视皇宫的。

张易接过文书，客套了几句，摆出一副送客的样子，见马可目不转睛地盯着另外两个人，只好上前介绍："这位是马可大人，这两位是益都千户王著和高和尚。"

马可对王著没有印象，但一说高和尚，他马上想起来了。此人自称有神术，能够役鬼为兵，两年前曾随和礼霍孙出征漠北以试验神术，结果无功而返。后来，高和尚僵卧家中，说是死了，40 天后，又复出，四处扬言他再生，搞得大都沸沸扬扬，人所皆知，不少官员、军士争相趋拜，收了一大批徒弟。

本就不信神鬼的马可还把它当作笑话讲给父亲和叔叔听。现在，马可怎么也想不明白：这不知是死是活的高和尚跑到军事重地枢密院干什么？

3 月 17 日，寒流已过，气温回升。人们纷纷走出家门，大街上熙熙攘攘，热闹非凡。无所事事的马可也出门四处游荡，他骑着马，漫无目的地来到城北，突然发现在一片柳树林里聚集着好几百人，内中有许多人全副武装。马可急忙下马，悄悄地向树林靠近，人群中王著、高和尚神情激昂地在说着什么。

不一会儿，一批人持刀拿枪匆匆向居庸关方向而去。马可觉得情况不妙，立刻策马赶回皇宫。他想去找怯薛长，结果没找到。

马可经过东宫门前，东宫警卫高脯喊住了他，"马可大人，你来一下。"

马可走过去，高脯指着两个喇嘛问他："你有没有听说过太子殿

下要回宫做佛事？"

马可摇了摇头："从来没听说过，再说太子殿下刚走，怎么又要回来？"

高脯说："这两个喇嘛来传话，还通知中书省备办斋品供物。"

两个喇嘛肯定地说："绝对没错。我们怎么敢胡乱传话。"

高脯悄悄问马可："你见过这两个人没有？"

马可摆摆手。可是问了半天，也没问出个名堂。

马可对两个喇嘛说："你们先回去告诉太子去，我们自当准备，一切等太子殿下回宫再说。"

此刻的大都，由于阿合马的恣意骄横，引起朝野上下汉人们的愤恨。王著和高和尚选了一个酷似太子真金的人乘夜色混入京城。第二天，高和尚带领众僧来到中书省，声称太子已回京城晚上要做佛事，派崔总管假传太子令旨，命枢密副使张易发兵，于当夜会集在东宫门前。

当天黄昏时分，王著骑马报告阿合马，说太子即将驾到，要中书省的全体官员到宫前迎候。

阿合马不知是计。但他也很怀疑，又怕万一真金真的回来，不去迎接恐怕又生是非。阿合马左思右想，决定派心腹、中书右司郎中脱欢察儿带几个人出健德门，窥伺究竟。

天渐渐黑了，出城多时的脱欢察儿没有丝毫音信。阿合马急得在屋内直转圈，去还是不去，他下不了决心。

阿合马没想到，高和尚簇拥着假太子在半路上与脱欢察儿相遇。由于天色昏暗，难以分辨真伪。假太子按王著计划，斥脱欢察儿无礼，把他和随从全部诛杀，然后继续向王宫前进。

阿合马还在苦苦等待脱欢察儿的消息。他看看时辰已过，只得带上中书省的官员出发。一路上，阿合马不住地咒骂脱欢察儿。

自两个喇嘛走后，马可也没敢离开皇宫。虽然他和高脯将信将疑，还是尽力做好准备，迎接太子真金。看看天色将晚，两人忙调集东宫卫士，聚集在西门恭候。马可和高脯发现枢密副使张易率领右军指挥使颜义领着几百名士兵往西门而来。太子回宫从来不通过枢密院调兵护卫，两人立刻奔过去，拦住了张易。

高脯很不客气地问道："张大人，怎么回事，为何调兵来东宫？"

张易笑了笑，神秘兮兮地说："两位别急，一会儿就知道了。"

两个人再三追问："你带兵前来，此事非同小可，请张大人务必告诉我们。"

张易只好悄悄地告诉他们："太子来诛杀阿合马。"

两人目瞪口呆，一时不知如何是好。

黑夜里，远处隐隐出现一片灯光。渐渐地，在人马喧闹、烛光旗影中，太子的仪仗队来到宫门前，有个人出列，跑到前面，使令开放宫门。

高脯还是不放心，他又问刚刚赶来的尚书张九思等人："过去太子殿下回宫，都是派完泽、赛扬为先遣，只有见到他们两人才可以启关。怎么今天不见完泽、赛扬？"

马可伸头看看说："好像太子殿下的仪仗、旗帜都不假，后面马上的太子殿下看不太清。"

高脯冲着外面大叫："让完泽、赛扬到前面来。"

无人答应。

高脯又对叫关的人喊道："以前太子殿下从来没有走过此门，今天为什么从这里走？"

依然没有回答。仪仗队又向南门移动。

马可对高脯、张九思等人说："不太对头，我们赶快去看看。"

几个人刚刚赶到南门，这一行人已在宫前下马了。几十只灯笼将门前照得一片通明。

阿合马率众官员正等候在边上的小树林里，见太子殿下驾到，都

过来迎接。

马可心情很紧张，思想中不停地交战："真金要杀阿合马，会是真的吗？黑夜返宫，秘密行事，肯定大汗不知道。如果没有大汗的旨意，谁敢擅杀丞相？管他呢，随便是谁杀了阿合马都行。"

这时，骑在马上的假太子对阿合马大喊："中书省官员向前靠！阿合马，你可知罪？"正在阿合马发愣之际，王著飞身上前，用藏在袖子里的一对大铜锤迎面向阿合马砸去。顿时阿合马脑浆迸裂，坠地而亡。

又有一人拉住中书左丞郝桢，举刀就砍。右丞张惠也被人抓住了。所有枢密院、中书省、御史台、留守司的官员们呆呆地站着，不知道出了什么变故。

太子拨转马头，准备率人离去。

高脯大叫："假的，太子是假的！"

听到喊声，从官员中冲出留守司达鲁花赤博敦，他拔出刀来，快步上前，寒光一闪，假太子被砍下马来。此时，宫中的卫兵纷纷射箭，张易带来的士兵们也一拥而上，双方混战在一起。

假太子一行寡不敌众，他们扔掉灯笼，趁黑四散奔逃。

王著站在原地，一动不动，挺身受缚。

张九思、博敦等人派兵分头追击，马可和高脯调集更多的卫兵将东宫严密警戒起来。

从午夜开始，大规模的搜捕开始了。整个大都戒严，全副武装的士兵在四处巡逻。城门紧闭，内外交通全部断绝。参与暴动的人被捕了，无辜的行人也遭了殃，城内笼罩在一片恐怖之中。

右卫指挥使颜义在东宫南门前的混战中中箭身亡，枢密副使张易和崔总管等被监视起来。张九思、博敦等人同时速报忽必烈。

天明时分，高和尚在高梁河被抓获。一夜未眠的张九思等人松了一口气，最后一名主要组织者的被捕，意味着他们已经控制了整个局面。

不久，居庸关传来消息，昨日夜间有一批人试图诈开关门，后被识破。快到黎明时，这些不明身份的人方才散去，守关士兵怕出意外，没有开关追击。

马可发现，这次暴动的人数之多、计划之周密实在令人吃惊。

忽必烈正在察罕脑儿游猎场围猎，接到密报，大惊失色，汉人暴动是他最担心的事。虽然蒙古铁骑一统天下，但对于人数众多的汉人而言，蒙古人实在少得可怜。现今汉人暴动，更让他害怕的是大都不稳。

忽必烈是靠经营汉地，逐渐积聚力量，最终夺得汗位。海都和窝阔台的孙子们始终虎视眈眈地盯着他，汉地对他来说是根本之地，不容丝毫闪失。

忽必烈立刻下令起驾返回大都，同时命枢密副使孛罗、司徒和礼霍孙、参政阿里等人率部分怯薛护卫星夜驰驿，并下诏沿途镇戍部队抽调兵力，进京镇压叛乱。

22 日，孛罗等人回到大都，张九思率博敦等前来报告情况，听到叛乱基本平息，才稍稍松了一口气。

随即几个人又分头提审王著、高和尚、张易等人。酷刑之下，王著、高和尚拒不认罪，只说是为民除害，没有任何人主使。张易一口咬定是因为见到太子令旨方才发兵，详情不明。

孛罗又来问马可，马可从内心很钦佩这些置性命于度外的勇士，故意含糊其辞，推说没听清。孛罗按照忽必烈的旨意，立刻将王著、高和尚、张易、崔总管以及捕获的一批参加者处以极刑，以杀一儆百。

美丽的大都成了一片血腥的世界，健德门、安贞门、肃清门等都挂满了血淋淋的人头，阴森恐怖。商店关门，行人绝迹，大都像一座死城。

16 天后，忽必烈回来了。他马上在大明殿召集众人议事。张九思、

博敦、高脯、马可——禀明当时的情况，孛罗也讲了他的处置措施。

忽必烈阴沉着脸："简直难以置信，堂堂的丞相居然在东宫前被杀了。"

他的眼中透出一丝寒光，所有的人都吓得低下了头，一声不吭。

忽必烈咬着牙说："这次暴乱有组织，有计划，我不信只有张易、颜义，肯定还有其他预谋者。张易的老同学、关系极好的张文谦会一点也不知情？你们几个分头去查，一定要查个水落石出。乱党张易传首四方，颜义已死，家属坐罪籍没。"

众人诺诺连声，叩头退下。马可忽然发现坐在一旁的太子真金神情有点紧张，而且一言不发。他心里不由突地一跳："难道真和太子有什么瓜葛吗？"

第三天清早，马可的脚刚刚踏进宫门，就见贺胜从里面急匆匆出来。见到马可，他一把拉住："快，大汗找你。"

马可随贺胜快步走进忽必烈的寝宫。

寝宫内，忽必烈坐在御榻上，真金也在。马可跪拜后垂手而立，忽必烈语调低沉地问道："你查得怎么样了？"

马可知道忽必烈已经找王思廉和张九思秘密谈过话，他们都说张易、张文谦并不知情，为此忽必烈大为不满，怀疑这些汉官互相包庇。马可心想：不管大汗怎么看我，我一定要将实情亲禀。

马可说："他们是否知情，我并未清楚。"说到这里，看到忽必烈皱起了眉头，他沉吟了一下，终于鼓足勇气说："但阿合马是死有余辜，他的确是个大奸臣。"

忽必烈差点没蹦起来："你说什么！？"

马可将扬州的情况和他回京后阿合马所做的一切全部说了出来，然后他继续说："他擅杀大臣，搜刮民财，霸占土地，抢人妻女，收钱卖官，安插亲信，这是丞相该干的吗？我可以对天发誓，绝对是真的。阿合马被杀后，大都市民欢呼雀跃，连穷人也典衣买酒，互相庆贺，都说阿合马恶贯满盈，祸及天下。他们视王著等人为英雄，公开称颂。"

真金一直没说话，这时用赞许的目光看了一眼马可，轻声对忽必烈说道："我也听说了很多这样的事情，大汗不妨另派人再仔细查一下。不过，眼下汉人中群情激昂，汉官们也同情这些人，可否减轻对张易和颜义的处分？"

马可和真金的话提醒了忽必烈，当此时节，一向善于在色目人和汉人之间玩弄平衡以确保稳定统治的忽必烈，不失时机地采取了缓和舆情的措施，以免激起事变。他想了一下，同意将张易的罪状改为"应变不审"，不再传首四方；颜义家属不予坐籍。又另派孛罗重新调查阿合马所为。

很快，阿合马的种种奸恶行为被揭发出来，忽必烈极为震怒，立命将阿合马掘墓剖棺，曝尸于通玄门外，任由野狗撕咬。

一场惊天动地的风波就这样结束了，大都渐渐恢复了平静。

做完这一切。忽必烈已经是满面的疲惫，看着那些汉臣还有自己的儿子，心里有苦却是说不出来。做了这么多，无非是为太子清扫障碍而已。阿合马党羽众多，一旦暴死，自己还在时，还能镇压得住。万一太子继位，以其的柔弱性格，肯定会为此所困，还不如自己来一个了断为好。

还有一个更重要的原因，就是从至元十七年开始，继刘秉忠、郝经、史天泽、刘整、张柔等人的死去，姚枢和廉希宪又先后辞世，他最忠诚的汉人臣属在他的眼前一个个相继去世。最钟爱的妻子察必也在去年先他去世，令他十分痛心。

因为这些人中的大多数人都是他的同龄人，有的甚至比他还年轻，死亡的阴影也开始浮现在他的脑海中了。也许这些人的去世，使忽必烈想到了自己最终的归宿。开始为以后的大元寻找一些出路了。

平息乃颜叛乱

1285 年的春天来得特别早。这天，忽必烈突然雅兴大发，要到太液池去坐龙舟赏风景。忽必烈坐上香木腰舆，马可和贺胜随侍左右，一行人浩浩荡荡乘船上了琼华岛，他们顺小路来到广寒殿。

马可站在殿前，远眺西山之巅，俯瞰街衢市井，不禁思绪万千。在离开威尼斯时，自己没想到会在元朝得到如此重用，同样也绝没料到朝中斗争会这般激烈，心中开始萌生了去意。

这天晚餐后，马可和尼古拉、玛杜一边喝茶，一边聊天。

尼古拉说道："我们奉教皇之命来到这里快 10 年了。可以说，我们都尽了最大的努力，教皇的使命基本上完成了，我们问心无愧。现在的情形，久留也无意义，该考虑回家了。"

玛杜也说："我们年纪不轻了，不想老死他乡。再说在这里挣这么多钱，不就是为了回威尼斯这一天吗？"

于是，他们决定暗中开始做回家的准备。

一场生死风波消失之后，本来就身体极差的真金，却没能经受住这次暴风雨。长期的忧惧，最终摧垮了他。两个月之后，真金撒手而去，时年 43 岁。

真金的死，对马可的打击非常之大。对于他来说，真金既是皇太子，又是良师益友。他真希望真金能登上皇位一展宏图，可是这一切都不复存在了。

真金的死对忽必烈的打击同样也很大。忽必烈更加衰弱了，也更疏于朝政。

朝内斗争暂时告一段落，但是漠北又风云突变。

早在 1284 年，北京宣慰使亦力撒合密报，满洲一带的乃颜心存异志，日后必会反叛，请朝廷预做准备。

乃颜本是左手诸王答里台斡赤斤的后代、有名的塔察儿国王的孙子，一开始在西北诸王和昔里吉叛乱时还站在忽必烈一边，但这些人已经习惯于恣行攘守、榨取无厌，忽必烈实行汉法而规定的制度法令束缚了他们，因而他们极为不满。在海都的鼓动下，乃颜开始蠢蠢欲动了。

1286 年 2 月，中书省认为东北诸王本就桀骜不驯，宣慰使司位轻言微，无法管理，于是撤销山北、开元、辽东等路宣慰司，设东京等行中书省，这也是忽必烈的防范措施。

谁知乃颜带头激烈反对，忽必烈只得撤辽阳等行中书省，恢复咸平、北京等三道宣慰使司。忽必烈的退让，使乃颜等感到大汗的天威渐渐不足为惧。

关于乃颜准备举兵叛乱的消息从不同渠道传向大都。如何对付乃颜，朝廷上下，议论纷纷，莫衷一是。乃颜在诸王中颇有点影响力，且有统领东北诸军之权，忽必烈非常谨慎，在情况不明时，决不贸然采取行动，尽可能拉住乃颜，避免事变。

可是，从中书省、枢密院、北京宣慰使司等处呈上的奏折多有不同，忽必烈急需第一手资料。此刻，他想起了勇敢谨慎、精细过人的马可。

忽必烈说："马可，你跟乃颜有过交情，你去看一看，乃颜能不能听话。"

时已深秋，茫茫大草原被染上了片片金黄。天空中，一群群的大雁在向南飞翔；风，裹着阵阵寒意掠过大地。寂寞的驿道上，只有一小队人马匆匆向北行进。

马可走在这一小队人马的前面。一路上，他沉默寡言，对周围的一切视若不见，失去了往日的兴趣。他对这次使命的成功与否，不抱

太大的希望。

　　马可与乃颜初次见面时，就喜欢上了这个身体强壮的蒙古武士。他风度翩翩，贵族气派，穿一件紧身上衣，挂一个小小的青铜十字架。当时忽必烈指着他，笑着对马可说："乃颜是朕的先祖成吉思汗的重孙，他已经选择了新的神，这个神的标记就是十字架。"

　　因为基督的关系，马可一家还请乃颜、海都、拔都等到家里做客。当时，大家一齐对中国汉人的一种面条感到困惑，不知如何吃法。后来，乃颜为了表示蒙古人的勇敢，把手指伸进碗里，还把手给烫了。大家纷纷尝试，先是恼怒，后是无奈，最后哈哈大笑。

　　帐篷式的巨大营地位于蒙古沙漠的边缘，几千武士集合在乃颜的旗帜之下，旗帜上饰有景教的十字架。

　　马可带着卫队骑马走过营地，看见这么多武士，不由大吃一惊。这支力量比他所预料的庞大得多。他们集结于此，就是要反抗忽必烈的统治，而且似乎已经做好了战争准备。

　　马可一直走到乃颜的帐篷前，门外有卫士守着，身穿紧身上衣，佩戴小的铜十字架，见马可走近便喝问口令。

　　乃颜很快就召见了他。马可跟随一名侍者走进乃颜那巨大的帐篷，他没有理睬门边卫士们的挑衅的目光。

　　乃颜坐在镶金绣花的矮榻上，看见马可进来，高兴地笑了。

　　寒暄之后，乃颜脸上带着一丝不屑的神情问："大汗有什么圣旨吗？"

　　马可轻轻摇了摇头，说："王爷，您雄踞一方，是国家的栋梁。大汗只是希望您过得愉快，希望您能为国分忧。"

　　乃颜一挥手，打断了马可的话："我一向尊敬大汗，因为我和他是同一个血统。我也没有忘记大汗打的许多胜仗。可是，他现在还像是蒙古人吗？还像是伟大的成吉思汗的子孙吗？他离开了草原，在汉地建城，用这么多令人难以容忍的汉法来管束我们，动不动就处罚我们。他想把我们圈在高高的城墙里，牺牲我们的独立，这办不到！我们是草原上的雄鹰，不是一群绵羊。你回去告诉大汗，我们只是希望自己还像个蒙古人。另外，马可，你最好跟我们在一起。"

乃颜口口声声"我们、我们"，马可知道在他背后已经聚集了一批桀骜不驯的诸王。果然，马可向乃颜鞠躬告辞出了帐篷之后，发现在这片无边的帐篷城里，不光飘着乃颜绣着景教十字架的旗帜，还有几面他所认识的亲王的旗帜。

马可顺势奉承了几句："王爷的魅力是非凡的。"

陪同马可的王府官高兴了起来，唠唠叨叨地告诉他，有合赤温的曾孙哈丹秃鲁干、胜纳哈儿，阔列坚的曾孙也不干等人正在此处。

正说着，一大队骑兵从他们面前呼啸而过。队伍正中有一位蒙古武士马可竟然看呆了。

他一下想起来了，那正是拔都可汗的儿子喀山，他们也曾经以摔跤结为了好朋友。

马可暗想："他也在这儿了，看来事态的严重程度超出了自己的想象。"

除了随处可见的士兵外，细心的马可还发现乃颜囤积了大量的军械和粮草，他粗略地估算了一下，其数量足够十余万大军用的。

回去的路上，马可的心情很沉重，乃颜在他告辞时说的几句话，一直在他耳边回响："你难道忘了自己是作为教皇特使来到这里，宣扬基督教义的吗？"

不管怎么说，乃颜的旗帜上绣着十字架，无论如何自己要尽力避免这场战争，避免百姓遭受劫难。

到了大都，马可立即向忽必烈详尽地禀报了此行的所见所闻。忽必烈依旧懒洋洋地靠在巨大的龙椅靠背上，当他听到乃颜那里聚集着一些亲王，尤其是有拔都的儿子喀山时，一下警觉起来，严肃地问："你肯定没看错？"

马可保证说："绝对没有。大汗，乃颜只是不想受约束，要保持一定的独立性，和平的希望是有的，可以再努力一次。"

忽必烈沉着脸："他们懂什么！在马上可以打天下，但不可以在马上治理天下吗？"

但是，马可的建议得到了不少大臣的赞同。忽必烈同意再试一次，他派伯颜为使臣，一方面劝慰乃颜，另一方面监视动静。作为预防性措施，忽必烈下令解除乃颜对东北诸军的领导权，改任别里古台的曾孙、诸王梅里铁木儿节制。

1287 年 2 月，伯颜奉旨前往乃颜的领地。

一个多月后的上都宣文阁，忽必烈正在翻阅各地的奏章。一名内侍匆匆来报，伯颜回来了。

原来，伯颜见到乃颜之后，乃颜一口回绝了忽必烈的和平之意，而且将伯颜软禁在驿站之内。伯颜用名马宝裘重赂监视他的驿吏，才得以脱身。只是现在还不清楚乃颜如果叛乱，有多少诸王参与，规模有多大。

伯颜风尘仆仆、满脸倦色地来到宣文阁，直言："乃颜必反，大汗。而且叛乱从兰州以东一直蔓延到居延了。"

朝臣们大惊，而忽必烈仍然平静似水。

众臣正在商议之时，梅里铁木儿密报，乃颜派遣使者前来征发东道的兵士。忽必烈立即下诏，不得发给乃颜一兵一卒。

没多久，从北京宣慰使司通过急递铺传来了紧急公文，内侍不敢耽误，立刻送进内宫。忽必烈正在寝宫内休息。当内侍打开这个长 1 尺、宽 4 寸、高 3 寸、黑油红字密封的小匣子时，马可觉得心快从喉咙跳出来了。

忽必烈打开文卷，顿时脸沉似铁："召开御前会议，还要军队的将领参加！我要他们在一个小时之内到达这里！"

内侍不敢怠慢，匆匆奔出去。

忽必烈走过去，从篮子里找出一张地图，用手臂将所有纸张从桌上一扫而光，摊开地图仔细观看。马可也凑到他的身旁。

忽必烈的手放在中国的大陆上，然后向西移动，"这是帝国。中国与东方——波斯与西方。这是乃颜的地方。"他在中间猛地击了一拳，"这是海都的草原！"

马可对忽必烈的改变甚为惊骇。这位往日疲惫不堪、心不在焉的老人，突然又变成了一头精力充沛的雄狮。

洪禧殿内，王公大臣各就其位，忽必烈还未登上宝座。大臣们七嘴八舌地议论着："这是帝国有史以来面临的最大威胁。若是拔都和喀山都跟乃颜联合起来——而海都也参加的话……"

忽必烈登座，大殿内顿时鸦雀无声。

大殿内里响着忽必烈洪亮的声音："我宽恕他们的次数太多了，海都和乃颜自从长大成人以来，就领导过好几次叛乱，而平定他们之后，每次都宽恕了他们。但是，贪婪是没有止境的。"

忽必烈又指着马可说："乃颜绝不是爱好和平的人，他的叛乱不是为了自己的自由和独立，而是想为自己建立一个独立的王国。而海都是想煽动中亚细亚，从西面割去一部分，将帝国一分为二！就在他和你谈话的时候，战争的车轮已经向前滚动了。"

忽必烈的声音随着愤怒越升越高："他们这一次以为，我的悲伤毁灭了我的勇气和威严。乃颜说得对，他害怕他们将被压垮！我就要给他们这样一场战争，一场真正蒙古人的战争，将他们永远压成齑粉！不管他说些什么，这一次我决不饶恕，决不！"

没有人敢说一句话。皇孙铁穆耳打破了沉默："大汗有什么旨意？"

忽必烈问枢密院："调集南方各省的军队需要多长时间？"

"大概三四十天，甚至更长一点。伯颜与纳速剌丁的军队至少得要这么长时间才能赶到此地。还要准备大量的军需物资。"

忽必烈自言自语道："时间太长了。南方各省虽说现在已基本平

定，但是有的省局势依然不稳，不能依靠他们。"

"大汗准备调何处军队？"

"西部边境的部分驻军，上都和大都的留守部队，上都和大都沿线的驻军，再加上御林军，有 10 多万人，足够了。"

"谁统领大军？"

"朕要御驾亲征。"

忽必烈的话，引起了一片惊愕。

马可和众臣们一样疑惧：忽必烈差不多有 30 年未亲自统军作战了，而且他自中年以后就患有足疾，行动不便。现在，他已是 75 岁高龄的老人，年高体衰。

众人都不敢想象，但没有一个人敢上前劝谏。

忽必烈传旨："御林军、京都的卫戍部队，以及其他一路上参加的队伍。朕不需要伯颜的人马。最主要的是，在乃颜与海都的部队联合之前先打击乃颜。我们一定要给他来个迅雷不及掩耳。封闭所有通向北方的关口，不要走漏风声。所有人做好准备。伯颜马上赶赴和林，一方面可以镇胁诸王，可以切断乃颜和海都之间的联系。阿沙不花出使别里古台后王纳牙处，务必要设法诱使他入觐自陈；枢密副使土土哈率军进逼岭北。必须在两个月内拿下乃颜！"

十多天后，令人振奋的消息传来了。阿沙不花成功地说服了纳牙，纳牙接受了入朝的劝告，现在已在赴上都的路上了，左手诸王的同盟被瓦解了。

枢密副使土土哈和朵儿朵怀率大军赶赴岭北，胜纳哈儿和也不干正暗中图谋响应乃颜之叛，土土哈的部队将胜纳哈儿团团围住，迫使胜纳哈儿入朝向大汗请安。也不干率部向东突围，土土哈穷追不舍，在土拉河大败也不干。

这下，乃颜的左右两翼被忽必烈斩除，海都又迫于名将伯颜的压力，一时无法救援，乃颜已成了地地道道的孤家寡人，而他还不知形势已经急转直下了。

在这危急关头，忽必烈这一代天骄显示出的雄才伟略，让马可佩服得五体投地。马可跟随忽必烈 13 年，感到自己还是第一次认识到这位伟人的真实面目。他虽然年逾古稀，依然散发着无穷的魅力。

部队在迅速向上都集结。马可突然想起了一件事。他向忽必烈奏道："皇上，蒙古军中不少将领和乃颜关系很好，此次动用的一些部队又是长期驻扎在边境之上，平日多和乃颜部落有往来，应该注意到这一点。"

忽必烈对马可的建议甚感满意："马可，你心很细，说得极好。"

恰好此时御史中丞叶李也上书谈及此事，忽必烈决定再征调一批汉军。

一切已经准备就绪。忽必烈命玉昔帖木儿、博罗欢为先锋，率蒙古军先行。5 月 20 日，他亲率李庭、董士选等汉军为中军，紧随其后出发。

鼓声震天，喧嚣如雷，人马像一条无止境的洪流向前涌去。

忽必烈全身披挂，胯下是纯白骏马，亲自领着千军万马，前面还有一个掌旗官开路，高举着一面日月大旗。他身后是高级将领，久经沙场而坚定不移的将军们都是全身披挂，全副武装。

接着是皇室旗标、各色旗帜和大小旗幡组成的旗队，后面跟着八思巴、马可、铁穆耳以及王公大臣们，全都全副武装。

然后是骑兵部队，后面还有步兵，排成宽宽的阵列。

因为蒙古妇女有跟随丈夫出征的职责，皇后的毡帐搭在巨大的车子上，用几十头公牛拉着。车队携带给养跟随着她。

再后面是更多的步兵，担任后卫的骑兵部队是由军中骑术最高明的人员组成的，他们排斥着这整个令人生畏的队伍。

精明的玉昔帖木儿又调派了十余支精锐的骑兵队，远远地冲在先锋部队的前面。他们的任务就是诛杀乃颜的哨兵、封锁消息、控制交通要道。这一招极为有效，忽必烈的大军踏入乃颜的领地，他还不知道大军已经逼到家门口了。

大队人马在甘肃的一个渡口过了河。铁穆耳指着远处的群山说："越过那个山脉，我们就进入反叛的地区了。"

马可说："但愿他们还不知道我们前来！听，是什么声音？"

原来从河对岸策马赶来一些部队。"我们是从上都来的驻军，前来增援！"

6月3日，当中军主力行进到撒儿都鲁时，遇上了乃颜大将塔不台、金家奴率领的6万大军。此刻正值久雨之后，道路泥泞，长时间的急行军使得部队极为疲劳，再加上粮草一时供应不上，不少大臣面露怯意。

忽必烈果断地命李庭军向左、董士选军向右，合力猛攻，他告诉两位大将，如若不胜，他将亲自率军上阵。

两位大将抖擞精神，奋力搏杀。毕竟塔不台等是以逸待劳，激战终日，未分出高低上下。

大帐之中，忽必烈坐在龙椅上，右手抚着前额沉思着。他猛然抬起头来，看着在右手下方站立着的马可，说道："在这里多停留一分，就对我们越不利，突袭将不复存在，乃颜会做好充分的准备。马可，你有何见？"

马可冲口而出："夜袭！"

忽必烈一拍大腿站了起来："对，正合朕意。塔不台不会料到我们劳师远征打了一天之后，会夜里劫营。"

当晚，按照忽必烈的部署，将领们选派了100多名壮士，每个人身穿黑衣，包好马蹄，捆束马具，不让发出"叮当"响声，悄无声息地潜入塔不台营中。子夜时分，同时点燃火炮。一时间，炮声四起。严阵以待的部队看到敌营中炮声震天，火光冲霄，立刻发起总攻。

本来就底气不足、心有疑惧的塔不台军，从睡梦中惊醒，黑夜之中，根本弄不清对手进攻的方向，操起刀枪，也搞不清东南西北，自相残杀起来，加上忽必烈大军的冲击，很快全军尽溃。

元军乘胜向北猛追。玉昔贴木儿闻知大汗主力遇敌，暂时停止了前进，并派出部分军队回师援助。中军主力和先锋会师在一起，全军上下士气高昂。

忽必烈深知自己在兵力上不占优势，唯一的制胜之道就是出其不意、攻其不备，如果不能全歼乃颜，势必造成又一个海都，遗患无穷。于是，他改变了军事部署，以玉昔贴木儿统率蒙古军，以李庭统率汉军，以最快的速度，向乃颜主力的集结地那兀江一带进击。

由于计划周密，行动迅速，当元军抵达乃颜的失刺斡耳朵所在地不里古都伯塔合，乃颜还如同蒙在鼓里，一无所知。

忽必烈令大军在山后扎营，略事休整。山前的一片平原上，就是乃颜军队的宿营地。

待到更深露尽，晨光微微，忽必烈发出前进的号令。他的大军潜行向前，前头派出黑衣士兵，匍匐而行，把敌营周围的卫兵一个个干掉，然后大队人马随后而上。将领们各处部署，战士们耐心等待着总攻击开始。

第二天凌晨，元军意气风发地登上山顶，出现在乃颜军队面前。只见乃颜的部队组织涣散，凌乱不整，既没有前卫，也没有哨探。

乃颜正和他的一个宠姬睡在大帐中，他的心里很安稳，因为他知道左手诸王和海都支持他，庞大的军队给了他过分充足的信心。他一觉醒来，听到远方传来的阵阵马蹄声，他还没弄清发生了什么。等他披上衣服，出了帐篷门向远处一看，真是从头凉到了脚。

天已放亮，黎明的朝霞映红了天空。这么多元军总不至于是从地里冒出来的吧！此刻，乃颜真后悔自己为何如此大意，小瞧了忽必烈。如果等海都的军队到了之后再举事，就不会造成如此局面。

乃颜还看到：山顶上，绣有日月图案的大汗之旗在晨曦中迎风飞扬，忽必烈坐在架在四头大象背上的大木轿子里，轿子上插着旗帜和伞盖，周围簇拥着许多弩手和弓箭手，马可等人也手持长剑站在大象

前。忽必烈坐在轿子里，冷冷地望着山下的一切，一言不发。

乃颜闭上了眼睛，长叹了一口气。但他还是努力振作精神，仓促组织部队进行防御。

元军组成一个个方阵，左右两翼的军队向侧后拉开，从远处将乃颜的军队包抄起来，中军则稳步向前推进。每个骑兵方阵前面都有很多排列整齐的步兵，他们配有短矛和剑，开战时他们可以跨上马，坐在骑兵背后督战；骑兵冲锋时，他们跳下马来，用短矛和剑刺杀敌军的战马。

按照蒙古人的习惯，战阵摆好后，就开始吹奏起各种各样的管乐器，并高唱战歌。歌声、铙钹声、鼓声，汇成一片，震撼山岳。

山顶上，大汗擂起了战鼓，这是进攻的信号。两翼的部队冲向敌军，中军也开始攻击。刹那间，箭如雨下，一排排的人马纷纷倒地，士兵的呐喊声、战马的嘶鸣声、武器的撞击声，混成一团。箭雨之后，短兵相接。

马可一直在一个有利的地点观战，将全部情况看得一清二楚：当营地的哪一处抵抗力量坚强而有威胁时，忽必烈就把手臂往下一挥，马上就有一支新的队伍以汹涌之势奔赴那个地点。

马可看到，长矛戳穿了人的身体，砍断的四肢乱飞，马被刺瞎眼睛；人被活活烧死，喉咙被割断。他还看到年轻魁伟的喀山滚鞍下马，刺死一个将领，又干掉两个元兵，但是被十多支长矛刺进了身体。

双方杀得人仰马翻，尸积如山。元军一次次地向乃颜的防线发起冲击。时近中午，乃颜的部队终于顶不住了，他们开始四下溃散。乃颜率少量亲军突出重围，但刚逃到失列门林，就被紧追而来的元军俘获。

战争结束了，空中弥漫着令人作呕的血腥味。

元军的士兵在狂欢。他们一面搜寻、洗劫尚未烧成灰烬的帐篷，一面高声大笑。不时传来的奄奄待毙的呻吟声，给这狂欢添上了一丝恐怖的色彩。

乃颜五花大绑地被押到了忽必烈面前。他跪下，一言不发，现在说什么都无济于事。

忽必烈从高处俯视着这位反叛者："乃颜，你犯了帝国有史以来最大的叛逆罪！因为朕与你是同一个血统，是成吉思汗的血统，不能让太阳看到皇族人的血，我将按我们的方式处死你。"

几名侍卫冲上来，把乃颜拖下去，其中一人从乃颜的脖子上扯下十字架，远远地抛到地上。马可俯身拾起了十字架。

他们把乃颜放在一床毛毡中间，上面又盖上一床毛毡，将乃颜牢牢裹住，然后几个人抓住毛毡猛烈摇动。忽必烈和手下的将领们、掌旗官以及步兵队伍纷纷离去了，谁也没有回头看一眼。

马可伫立良久，看见蒙古骑兵开始向这一捆毯子冲去……他也无奈地走开了，等他再回头看时，乃颜已经被蒙古铁蹄踩入泥土之中。

从出师到擒杀乃颜，前后才一个多月。

在忽必烈御驾亲征的同时，辽东道宣慰使和皇子爱牙赤领军击退了进犯咸州的叛军势都儿大将铁哥。叛乱基本平息。

9月的大都，金风送爽。忽必烈凯旋还宫。

马可不仅因此而受到重赏，而且再度受到重用。但对此马可并不怎么看重，因为忽必烈在击败乃颜后的一番话已经酬谢了他。当时战场之上，十字架被扔在地上，踏在脚下。士兵和将领们肆意嘲笑这些基督教徒，是忽必烈制止这种狂热的行为：

　　假如基督教的十字架没有证实对乃颜有利，那么它效果就和理性与正义相符，因为他是叛主的逆贼，基督教的十字架不能给这种恶人以庇护。所以，无论是谁，都不能冤屈基督教徒的上帝。上帝本身是非常完美、善良和公正的。

伟大的名著

任何人在困苦中都要表现出无限刚毅，在逆境中都要表现出十分坚忍。

—— 马可·波罗

萌生思乡之情

春天又来了，大都城内又开始了一年一度的踏青斗草的春游活动。尼古拉、玛杜和马可也驾车加入了这一行列。

一开始，他们对每年的 2 月 15 日游皇城兴趣极大，那声势浩大的仪仗队、教坊司的鼓乐和杂耍把戏、商户车内的各种奇珍异宝，令他们眼花缭乱，目不暇接。

这几年来，尤其是平息乃颜叛乱之后，他们对这一盛大的佛事活动已然失去了兴趣，更愿意到山野之间去领略大自然的温馨，趁此也舒缓一下自己的思乡之情；有时间的话，还会兴致勃勃地到大都西镇国寺看看杂戏，上酒楼去喝酒。

这是无奈之中的一种快乐，却越来越压不住思乡之情。

有一次，尼古拉向忽必烈提出返乡，年近 80 岁的忽必烈用手拍打着御座的扶手大声叫嚷："不行！不行！"

尼古拉坚持说："陛下，我已经年老不中用了。中国有句老话叫叶落归根……"

"你再老也老不过朕吧？"

"是的，陛下。但如果再老几年，我就经受不了这艰难的旅程了。等我走不动了，我就永远看不到家乡威尼斯了。"

忽必烈不满地说："你不是回去过一次吗？"

"陛下，但那已经是 20 年前了。"

忽必烈越老越固执："不行，朕不能放你们走。卿到这里已经发了财。从今天起，再加一倍。但是，不准再提离开的话啦！"

尼古拉、玛杜、马可看完了杂耍之后，就在镇国寺外西面的一间

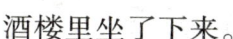

酒楼里坐了下来。

马可说:"我又要出去了。"语气中似乎少了点往日的自豪和得意。

尼古拉和玛杜问道:"去哪儿?"

"印度,很快就去。"

之前,马可也曾委婉地向忽必烈流露出想家的意思,忽必烈根本就没有听进去。

此次他再次派马可以特使的身份出行,显示他仍然信任和倚重马可。马可不好再说什么。可这一去,没有一年左右的时间是回不来的。

马可知道,忽必烈要他出使印度的目的,表面上是想了解海外的情况,实际上是因为他强烈的掠夺欲望和扩张野心,这些欲望和野心并没有随着他年龄的增长而有所减弱。

随着北部边境的安宁,忽必烈把眼光投向了东南亚,尤其是拒不降服的爪哇国王哈只葛达那加刺。可是,爪哇路遥海阔,只有悄悄地让马可先出去探访一番再作打算。而且锡兰岛上那灿烂无比的红宝石,让忽必烈垂涎已久,之前就派人去要过,结果国王不肯割爱。

马可拜别了大汗,辞别了父亲和叔叔,匆匆南下,于 1289 年春,率领一个小小的船队悄然出航了。

马可对此次出使东南亚还是充满了兴趣的,因为可以全面领略一下这条航线。上次来元朝时,没有从花剌子模坐船,对他一直是个遗憾。虽然这次航程可能只会到印度,但毕竟最艰险的路就是这一段。

湛蓝而宁静的海面上,春风吹送着他们飞快地向南方驶去。大船的船桅下,放着一张大高背靠椅。马可斜靠在椅背上,右手摸着一缕胡须,悠闲地享受着海风的吹拂。

由于上次很多地方已经去过了,为了节省时间,马可率船队穿过琼州海峡,直下南洋,连海南岛也没有再上去看看,尽管岛上的金沙和铜制品给他留下了深刻的印象。

到了占城，马可命船队靠岸，要察罕督促水手和士兵们尽快补充水和给养。他知道，再向前，就离开了元朝的直接控制的势力范围了。

漫长的航行之路开始了。长时间的航行之后，一成不变的水天一色，枯燥乏味的船上生活，让每个人都觉得厌倦。

终于有一天，瞭望的水手大呼小叫，"陆地到了！"马可搬出一堆从各个渠道搜罗来的东南亚海图，仔细地研究了一番，断定船已抵达加里曼丹岛。

马可下令准备靠岸。他带着察罕和十多个士兵上岸。加里曼丹岛虽偏僻，但它仍处于航海交通线上，又不受外来侵扰，加之本地物产丰富，商品种类很多。堆积如山的香料和多得难以置信的黄金，让马可瞠目结舌。在熙熙攘攘的港口，马可遇到了来自泉州和元朝沿海各地的商人。

稍作停留之后，马可率船队经过荒无人烟的朋丹岛和马六甲海峡，进入印度洋。其间，马可曾探访过爪哇岛。这一路，既没遇到大的风浪，也没遇到什么险情，一帆风顺地到了锡兰岛。

锡兰岛真是宝石之岛，红宝石、黄宝石、蓝宝石、紫水晶、石榴红宝石和其他许多贵重的宝石，琳琅满目，光彩照人。

森德拉兹国王很热情地召见了马可一行，但他委婉又坚决地拒绝了马可的建议——用元朝的珍宝换那颗红宝石。森德拉兹国王说即使给他世界上所有的财富，也不会出让红宝石，因为这是他祖先的传位之宝。

马可在岛上观察了一段时间之后，发现锡兰人没有什么打仗的天分，假如要用兵，也都是从其他国家招来的雇佣兵。发兵锡兰，夺取红宝石，不是不可以，问题是就为了满足大汗的贪婪和占有欲，值得吗？马可准备回国后，劝说忽必烈放弃这种想法。

马可他们离开锡兰岛向西航行没多远，就到了印度大陆的东南端马八儿王国。马八儿的珍珠宝石、炎热的气候、狂热的宗教信徒和复杂的宗教仪式，都让马可难以忘怀。马可还专程去玛德拉斯城瞻仰了圣托马斯墓。

圣托马斯是耶稣的 12 门徒之一，公元 1 世纪时，他从巴勒斯坦出发到东方传教，最后被人误杀，死在马八儿。马可作为罗马教皇使节，自然不会放过这次千载难逢的机会。

马可尽可能地在印度多走几个地方，以获取第一手的资料。他考察了麦菲里、拉尔、俱兰、古尔拉特、坎贝等地。

最后，马可从塞维那思港来到印度河稍南的克斯马科兰王国，算来离开大都已有一年了。此刻，马可觉得身心已是疲惫不堪，该看的差不多都看到了，再说时值初夏，正好趁季风之便，于是，他决定立即起程回国。

正如马可所料，季风把他们一路顺风地送回了泉州。等马可赶回大都，已是寒冬来临，大雪满天了。

忽必烈听说马可回到京城，马上就召见了他。马可的报告详尽而又简洁，他将此行的所见所闻，分成地理、政治、风俗、民情、宗教、物产、动植物等门类，系统而有条理，有资料、有数据、有分析，忽必烈听得津津有味，不时露出一丝满意的微笑。

自 1279 年开始，忽必烈曾数次派人出使锡兰印度的俱兰等地，建立了良好的关系，也带回了不少奇珍异宝。可这些使节回来的报告总是干巴巴的，寡而无味。尽管是些公案文牍，还是马可与众不同。

只是当他听到马可最后的结论，应该以通商贸易的方式而不以武力相威胁的方式获得所需的东西，脸上显出不以为然的神情。

马可带着忽必烈赏赐的财物回到家中，尼古拉和玛杜非常高兴。

一番畅饮之后，他们又不约而同地谈起了回家的打算。玛杜叹了口气，说道："我们在大都 16 年了，积蓄了一大笔财富，都是些价值连城的珠宝、黄金，不就是为了衣锦还乡的那一天吗？"

尼古拉接过话头："是啊！在威尼斯有我们的妻儿老小，一天天拖下去也不是办法。"

他们俩一齐看着马可，因为只有马可最有机会奏知大汗。

马可早就知道，父亲和叔叔急于要回去，可是大汗对他们，尤其是自己恩宠日隆，他难以启齿。但大汗毕竟年事已高，如果不在他逝世前回去，也许就得不到沿途的照应，而这对于克服长途跋涉的无数困难，保证平安地返回家乡，是十分必要的。必须趁大汗健在时，求得他的恩准。马可准备找机会一试。

踏上回乡之路

马可从印度回到京城，一时无所事事。这天，他当值后回家，和父亲、叔叔同坐闲聊。忽然，小仆人匆匆来报，说有 3 个波斯人求见马可大人。

马可很奇怪："这么冷的天，是谁还愿意出门？"

仆人们接过来客的外衣，奉上茶点，宾主分别坐下。来客通报了他们的姓名，马可非常吃惊地问："你们不是差不多和我同一时间出发的吗，怎么又回到大都了？"

原来，早在 1286 年，伊利汗阿鲁浑王妃卜鲁罕去世，临终时，她要求继承王妃之位的必须是同族之中的女子。1287 年，阿鲁浑特派使臣兀鲁斛、阿必失呵、火者等人专程来元朝，请大汗选赐卜鲁罕同族之女为妃。

忽必烈正急于要和他的西部帝国维持良好的关系，因此很高兴地答应了他们的请求，将卜鲁罕族女、17 岁的阔阔真选为公主，赐予阿鲁浑可汗为妃。忽必烈想到阔阔真远嫁他乡，为能让她愉快地前去，也为了显示朝廷对伊利汗的礼遇，不仅专门精选了一批宫女和内侍，还准备了大量的图书典籍、金银珠宝等物，又举行了一次盛大的朝会，欢送新王妃的鸾驾起程。

1290 年，兀鲁斛、阿必失呵、火者率领大队人马浩浩荡荡地出了京城，准备从中亚陆路返回伊利汗国。

在西域，一切都很顺利，驿站供应极为丰厚，照顾也非常周到。但进入中亚地带后，恰好伊利汗和海都发生战争，而他们又很难绕开海都的控制区域，战乱中带着这位年少的准王妃风险太大。3 个人商议之后，决定暂时先回元大都。8 个月之后，一行人回到了皇城。

而这时，马可恰好赶回京城。

兀鲁斛就把原因又说了一遍，然后说："公主已经走了这么远的路，又不得不返回来，她心里很生气。"

马可说："你们的决定是正确的。我了解沙漠。公主走这条路太危险了。"

兀鲁斛问："那，大人，你知道有比较好走的路吗？"

马可说："海路很安全，准备一艘坚固的船，由熟练的航海老手驾驶，就可以安全到达波斯。"随后，他详细地介绍了这次航行印度的情况。

3 个波斯人越听越兴奋，兀鲁斛高兴地说："马可大人，太感谢您了。我们出使已经 3 年了，也不知还要等上多长时间，这样如何向阿鲁浑汗复命，现在可以走海路了。但主要是要求大汗派更有经验的人。"

马可忽然灵机一动，语调尽量放得很平静："3 位大人，你们随行人员中间有谁走过这条航线？安全是不假，大海的脾气谁也摸不透，情况总会有所变化。你们护送的是伊利汗未来的王妃，万一出点差错……"

简直是当头一瓢冷水，3 个人面面相觑。火者小心翼翼地问道："那该怎么办呢？总不能坐等其成吧！"

马可说这话时，发现父亲和叔叔满脸堆笑，他们总算悟出了自己的用心。如果由他们自己向大汗提出来，忽必烈肯定知道这建议的背后是什么，很可能会拒绝，或是另换前几年曾经去过南洋一带的人。只有话从 3 位使者自己嘴里说出来，大汗就不会起疑心，事情才能成功。

3 位使臣在一旁商议了一阵。最后，兀鲁斛谦恭地问马可："请问您是否愿意护送王妃？"

马可假意推托，3 个人拼命劝说，最后才勉强地答应了："那好吧，为了王妃的安全，就走一次吧！烦请你们禀奏大汗。"

兀鲁斛等满口应承。

第二天，3 位伊利汗使臣就进宫求见忽必烈。为了增加保险系数，干脆把阔阔真也一起带上。

改走海路，忽必烈没有意见，但要尼古拉、玛杜、马可 3 人护送，他满肚子不情愿。他问兀鲁斛："为什么非要马可他们护送？"

兀鲁斛回答："一是马可大人刚从海上回来，情况最熟悉；二是他们 3 个威尼斯人富有旅行经验；三是护送的是王妃，万一有闪失，如何向伊利汗交代。"

忽必烈仍然很犹豫，从内心讲，他不愿放 3 个威尼斯人回去，可眼下一时没有合适的人选，兀鲁斛说的不是没有道理，阔阔真出不得任何问题。

在当初的汗位争夺战中，旭烈兀曾坚定地站在自己一边，伊利汗国和元朝的关系一直很密切，在西北三汗国中以伊利汗国最尊重大汗的权威，眼下他们正有效地牵制住了让他头痛不已的海都。阿鲁汗不远万里，来这里求赐王妃，意义非同寻常。

忽必烈从沉思中抬起头来，他看见坐在右下方椅子上的阔阔真，眼中的期盼、哀求还有一丝紧张，终于下了决心："朕同意你们的请求，回去做好准备吧！"阔阔真和 3 位使臣急忙跪下叩拜谢恩。

兀鲁斛等入朝后仅一个多小时，内侍就传下大汗的旨意，立刻宣尼古拉、玛杜和马可进宫。

忽必烈坐在高台之上的龙椅里等着他们，殿内的王公大臣都已退朝回去了，大殿内显得越发空荡。

马可他们跪拜已毕，竖起耳朵准备聆听大汗圣谕。马可偷偷看着高高在上的忽必烈，心里突然感到一阵酸楚。当年自己踏上这片国土时，正是风华少年，而大汗正当盛年，如日中天。到如今，自己已入中年，大汗更是耄耋之年，往日之风采已不复存在，只有他的无上的威严永远不变。

忽必烈亲切而慈祥，不像是大汗，倒更像是位长者。忽必烈对他们的离去感到非常惋惜和眷恋，话语中带着浓重的伤感："你们难道一定要回去吗？你们追随朕快20年了吧！朕也老了，像你们这样的老人，朕身边已经不多了。现在，你们又要走了。阔阔真就交给你们了。你们回去探完亲就尽快返回。希望你们回来的时候，朕还能再见到你们。"

马可觉着鼻子一阵发酸，他哽咽着说："我们波罗一家承蒙圣恩，永远忘不了大汗的恩德，一定再回来为大汗尽犬马之劳。"

尼古拉和玛杜重重地叩了一个头，表示一定不让大汗失望。

忽必烈又下令替他们铸造两块金牌，上面镌刻着他的命令；在他的疆土内，无论什么地方，他们都有自由和安全行动的权利，地方官员对他们一行必须保证一切需要。

忽必烈问他们："打算什么时候起程？"

尼古拉回答道："马上就动身，陛下。"

忽必烈转头问马可："为什么如此仓促？"

马可答道："此时正值东北季风，对我们南行很有利，再过一个多月，恐怕又要遇到逆风了，那又要耽搁一年了。"

忽必烈知道这是马可的经验之谈，他以极大的力量控制住自己的不悦："收拾收拾，走吧！"

欢乐使尼古拉透不过气来，玛杜也流泪了。马可感动得向忽必烈拜谢了好几次："谢谢陛下隆恩！谢谢陛下隆恩！"

忽必烈让尼古拉、玛杜退下，对马可说："你等一下。"

马可心里一惊。

只剩下两个人了，忽必烈说："朕不能放你走，除非你答应再回来。"

"陛下!"

"我知道你一时难以决定，但这是朕的愿望。"

"是陛下的愿望还是陛下的旨意?"

忽必烈笑了:"朕还准备了一批信札，要你分别转呈罗马教皇、法兰西国王、英吉利国王、西班牙国王和其他基督教国的国王。因为你非常重视在东西方之间、在蒙古帝国与基督教地区之间架起桥梁的重要性，你递交了信件，重游了故乡之后，朕希望你回来。"

马可双膝跪地，果断地说:"陛下，我答应!"

忽必烈说:"我不要你仓促答应。"

马可冲动地说:"不，陛下，我一定设法履行我的诺言。"

忽必烈感动地说:"朕知道你会答应的。如果朕还活着，马可·波罗，你的业绩将留在这个国家，只要人们没有丧失记忆，就会永志不忘。"

时间很紧，只剩两三个月了。波罗一家作了分工，马可负责外勤，尼古拉负责和兀鲁斛等联络，玛杜则准备他们自己的行装。

马可决定再带察罕千户同行。一方面因为察罕武艺高强，能统兵打仗，有他在，再加上一批劲卒，一般情况足以应付;另一方面察罕见多识广，跟随自己多年，可负重任。

察罕满口应承。上次的航行给他留下了极好的印象，而且这次送王妃，人多势众，更是胜券在握。

从燕京临出发的时候，铁穆耳太子与马可话别:"马可先生，这是我们生活中庄严的一天。"

马可也动情地说:"请把我的继续效忠之心转告大汗殿下，并且告诉陛下，我在离开中国时最后怀念在心的正是陛下。"

铁穆耳说:"为了尊崇你，为了纪念我的父亲和我的祖父，当我登位之后，将在燕京建造一座基督教堂，供今后跟随你来此的基督教徒使用。"

马可深受感动："谢谢殿下。"

铁穆耳伸出双臂，与马可紧紧拥抱，"你留在我们心里，永远不会离开中国。你的业绩将流传下去，从父亲传给儿子，世世代代传下去。"

各地官府对他们此行给予了很大的帮助。尤其是泉州路总管，更是调派得力干将，征集了一批坚固的海船和富有经验的水手，又搜罗了许多各式各样的海图，并按忽必烈的旨意为他们准备了两年的粮食。细心的总管还让人从药铺搞来了一批药品，以备急需。

马可亲自来到港口，检查船舶情况。他看到这些船，大感满意，比起上次他出海的船，真有天壤之别。这些船都是由松木制造的，大船有五六十个船室；每船分隔成十余舱，用厚板严密隔开，这样即使船身偶有损坏，也不致沉船；船上有 4 根桅，可扬九帆；无风时用橹，这大橹得 4 名水手操作。大船上水手就达 200 余人，小船也有五六十名水手。

泉州总管为他们准备了 14 艘船，其中有 4 艘大船。船队整齐地停泊在港湾中，浩浩荡荡，正像一队威武的雄狮。兀鲁斛见此景，更是乐不可支。

大批人群蜂拥到码头上。他们看见那艘雄伟的皇家木船已经准备起航。阔阔真公主是第一批乘客，之后还带了 50 多个宫廷女侍。

马可、尼古拉、玛杜在欢呼声中上了船，群众都认识和尊敬这几个威尼斯人，尊敬他们对蒙古帝国所作出的巨大贡献。

船队缓慢地开始驶离泉州港。

马可站在船头，向岸边送行的泉州路官员们挥手致意。马可凝望着渐渐远去的一切，望着那熟悉的山和水，那港湾中如林的桅杆，潸然泪下。这里有他的青春年华，有他的憧憬和事业，有他的爱和恨。

自从与父亲、叔父来到中国，自己17年的生命留在了这片神奇的国土上，而且是最好的时光。在他前面的终点是他出生的那个城市，而在他后面是一个欢迎他、教育他并且尊敬他的帝国。

站在岸上的时候，马可的情绪是亢奋的，等到了船上，他只觉得依恋、伤感，甚至是一缕凄凉。回家了，带回了自己的灿烂，带回了这里的美丽。

马可、尼古拉和玛杜一起待在甲板上，直至中国在左舷外成为一个小小的斑点。

马可说："威尼斯人生来就是要旅行的，现在我们要旅行返家了。"

返程风云变幻

　　船队沿着中南半岛快速南下。因为只有马可走过这条航线，于是他不得不担负起主要的责任。由于护送的是阔阔真，这位柔弱的少女，再加上一大帮娇生惯养、从未出过远门的宫女、内侍，行进的速度非常缓慢。他们根本适应不了船上的生活，稍遇一点风浪，一个个晕得天旋地转，所以不得不经常靠岸，让他们休整一番。这样，3个月之后才到达小爪哇岛。

　　船队先后在八儿剌港和巴斯曼停留，之后进入萨马拉王国海域。

　　马可和兀鲁斛说的话得到了验证。平时温顺的大海仿佛要考验他们的意志，暴风雨要来临了。

　　马可和船长紧张地注视东南方向的洋面。

　　马可问道：“怎么样，船长？”

　　“大人，你看到海面上长长的涌浪吗？它越来越大了，云层也越变越厚，这场风暴小不了。”

　　兀鲁斛不知道什么时候站在了他俩的后面，马可和船长紧张的神情让他吓了一跳，他不安地问道：“出了什么事？”

　　马可告诉他：“大风暴马上会到这里，后果难以预料。”

　　兀鲁斛急得直搓手，他倒不是担心自己，这位忠心耿耿的波斯人是在担心阔阔真的安全。

　　船长果断地下令：“升起所有的帆，全速前进。前面不远就是萨马拉，希望我们能躲过这一劫。”

　　大自然不是以人的意志为转移的。风暴的速度远远超过了船前进的速度。

　　黑压压的乌云滚滚卷过海面，正午时分黑得就像夜晚，风助浪威，浪借风势，海面发出令人恐怖的咆哮。船剧烈地摇摆着。

　　瞬间，暴雨倾盆而下，狂风大作，船队艰难地在浪谷中穿行。

　　船长声嘶力竭地叫喊："快降帆，放下桅杆，快！"

　　水手们在舱面上一阵忙碌，每艘船上所有的桅、帆全部消失了，船稍稍稳定了一些。

　　马可扶着栏杆走进中舱，几乎所有的人都在弯下腰倾吐着中午的饭菜，桌上、床上的零星物件掉在地上滚来滚去。只有阔阔真依然坐在她的椅子上。

　　马可向阔阔真问了安，阔阔真微微一笑："马可先生，此刻不必多礼。"

　　马可望着脸色惨白、紧闭双唇的阔阔真，心里暗自钦佩，"这才是王妃的风度，这生死关头，居然还能如此镇定自若，倒是小瞧了她。"阔阔真信任的目光，激起了他的战斗欲望："王妃，您放心，只要我马可在。"

　　马可和有气无力的兀鲁斛交代了几句，又冲出了中舱。

　　肆虐的暴风雨让人无法睁开眼睛。万幸的是，14 艘船目前还没出事，但是还能支撑多久呢？冷酷的现实实际上已经作出了回答。

　　船长在亲自操舵，汗水顺着他的鬓角往下流。马可紧攥着双拳，看着呼呼喘气的船长，心里万分焦急。

　　突然，水手们发出一阵阵欢呼。一名水手踉踉跄跄地闯进来："船长，前面的船升起了小旗，陆地要到了。"

　　上帝保佑，他们的前面恰好有一个天然的小小港湾，船队缓缓地驶入，各自抛锚停下。

　　马可一直悬着的心总算落了地。

　　港湾并不平静，海浪冲击着岸边的礁石，伴随着震耳的轰鸣，巨大而雪白的浪花盛开在空中。船队只是大致上摆脱了危险，但船体依然大幅度地摇摆，而且暴雨如注，让人看不到一点停止的希望。马可本想让阔阔真及随行人员上岸喘口气，看来无法做到了。

马可想了一下，决定将 4 艘大船全部移到岸边，让 10 艘小船在外围，以此减轻海浪对大船的冲击。又命人马上把察罕找来。

察罕满脸憔悴，幸好出过海，总算精神尚好。他进门给马可请了安，报告说，他已经检查了一下，船体情况还可以，只是不少船为了排除积水，把船舷打了几个洞，待天气好转再修；有 7 名水手和士兵被浪冲进大海不见踪影，还有 10 多名士兵受伤。马可很满意察罕的细心，同时要他加强警戒，此处人地生疏，务必严加防范。

两天后，风停雨散。这场暴风雨，让每个人都精疲力竭，不少人生了病，有的病情相当严重，年纪最大的兀鲁斛已是卧床不起；阔阔真虽然安然无恙，但几天不能进食，身体很虚弱。马可和大家商量了一下，又禀报了阔阔真，决定移住岸上，休养一段时间。

马可和阿必失呵、火者带上察罕，4 人一同去察看地形。离港湾不远的地方有一块很大的空地，再向前，就是密密的丛林，最后决定就在空地上安营扎寨。

察罕带上一批士兵和水手，伐木造屋。几天后，几排木屋造好了。阔阔真、几个波斯人和尼古拉、玛杜，加上一大批随从，搬进了木屋，又留下了一些水手和士兵负责看管船只。

整队人马规模很大，有近 2000 人，包括察罕的 400 多名士兵、阔阔真和 3 个波斯人的 200 多名随从，还有近 1100 名水手。管理任务相当艰巨，但这又是必需的。内务管理主要由尼古拉、玛杜和阿必失呵、火者负责，水手们由各自的船长负责，余下的全部落到马可和察罕的肩上。

这一带连马可他们也是第一次来，营地前不远处的密密的丛林总是让人有点毛骨悚然。马可毕竟曾在萨马拉短暂停留过，对这个王国略知一二。虽说有国王管理，他的范围也仅限于主要的港口和几个城镇，余下都为部落酋长所瓜分。据传热带雨林中，有的土人会吃人。必须尽快搞清周围的地形地貌，否则守在营地里，和一只困兽没有什么区别。

马可的探险计划还没实施，就不断传来有水手失踪的消息。一问才知道，原来都是三三两两私自外出的，一去就再也没回来。

马可立即下令，在未查明情况之前，任何人不得私自外出。同时要察罕率一小队人马深入丛林进行搜索。

傍晚，满身泥土和汗水的察罕带着几个人赶了回来，马可望着一脸惊恐的察罕，忙安慰他："察罕，别急，慢慢说。"

察罕喝了口水，这才磕磕巴巴地说："吃了，全吃了。失踪的人全被野人吃了。我们亲眼看见的，跟宰猪杀羊似的，树枝上挂着好几个脑袋，太可怕了。"

察罕嘴里不停地咕噜着，也不知是祈祷还是念咒。

大家面面相觑，尼古拉和玛杜不住地在胸前画十字。马可暗暗叫苦："居然和食人部落做了邻居。"

两个波斯人问："马可先生，我们是否马上起程？"

马可说："起程？你们没看见一堆病人，兀鲁斛大人到现在也不见好转。如果现在动身，就等着半路往海里抛尸体吧！"

他又想了一会，转身对察罕说："你分派几个手下，各率一批士兵和水手，全副武装，在营地周围巡逻，点起篝火。"

太平日子才过几天，又出事了，有4个夜里站岗的士兵失踪了，不用说，肯定被土人们弄回家去做了美餐。被人杀了倒也罢，让人活吃了，真不敢想象。整个营地笼罩在恐怖之中，夜里巡逻的人都不敢出门，一时间人心惶惶。

到后来，大概是那些土人吃出了瘾头，夜间趁黑成群地向营地摸，看见小股部队就动手，放倒拖了就走。惊恐不安的哨兵们一遇风吹草动，大呼小叫，胡乱放箭。一夜数惊，不得片刻安生。

去留两难，马可急得在房里乱转，和父亲、叔叔及两个波斯人商量多次，大家对如何加强防范都说不出什么办法。他们还不敢禀告阔阔真，怕吓坏了这位王妃。

到底察罕是军人出身，他建议挖条长沟，据壕坚守。

于是，第二天除了必要的留守人员外，全体出动，马可和察罕各率 50 名士兵在外围护卫，其余人员一齐挖沟。一个星期后，工程结束。这条宽而深的长沟将宿营地全部围了起来，两边一直延伸到港口，沟内灌满了海水。马可又让人再砍一些树，在沟边建造了 10 多个高高的小木屋作为碉堡，这下大家才渐渐地安下心来。

雨季来临了。炎热潮湿的气候令许多人水土不服，接连不断地有人死去。马可真后悔为什么没带个医生。幸亏阔阔真的内侍中有个人父亲是郎中，对医术略知一二，就拉他来充数。

更糟的是，耽误了这么长时间，气候又开始恶劣起来，风向突变，如果现在拔锚起航，完全是逆风而行，根本就不可能。船长们都说，除了等待季风转向，毫无办法。这样，就必须要在这里一直等到冬季。

眼下，粮食是足够的，但蔬菜、肉类及一些生活必需品极度匮乏。马可只得组织人到茂密的热带雨林中去采集野菜、野果、打猎，到海上去捕鱼，以此作为补充。

这天，马可正在自己房里研究海图，门悄然开了，阔阔真带着两名宫女走了进来。马可忙向阔阔真请安。

阔阔真愁云满面，焦虑地问道："马可先生，我们要在这里住多长时间？"

马可把原因详细地说了一遍，坦然相告："可能一直要等到冬季来临。"

阔阔真难过地说："就没有别的办法吗？我怕很多人熬不过去。他们跟随我出来，却要命丧在这荒蛮之地。"

她语气哽咽，说不下去了。

马可连忙安慰道："恐怕这就是好事多磨吧！务请王妃保重。兴许王妃的一片诚意，老天爷大发慈悲改了主意也难说。"

马可风趣幽默的一番话，逗得阔阔真笑了起来。

为了给阔阔真解除烦闷，马可常常和她闲聊，讲了自己的冒险生涯和各地的风土人情。这天正说着的时候，察罕来报，说是抓住了几个土人，来问马可如何处置。

察罕建议道："大人，我看把这几个土人杀了算了，好好出口恶气。"

马可想了一下："不行，吃人是他们的风俗，他们自己的人生病治不好，也会被吃掉。杀了他们，无济于事，反而激起事端。你总不愿意一大群野人天天盯着你身上的肉吧?!"

察罕直摇头："那怎么办？"

马可起身说："走，一起去看看再说。"

原来，被抓的人中有一个是部落首领的儿子。马可找来了个略懂一点当地语言的水手当翻译，转告他们我们到此的来意，又送了一点小礼物，请他们回去向首领转达自己的问候。

土人们觉得非常吃惊，简直不敢相信自己的耳朵。等发现真的要放他们回去，一个个高兴得手舞足蹈，呜哇乱叫。

没多久，首领亲自来赔礼道歉，并送给他们不少食物和生活必需品。从此，双方建立了信任，土人们经常送食物来，马可他们则以瓷器、布匹作为交换。这次意外事件，让他们彻底解除了后顾之忧。

时间一天天地过去了，病死的人还在一天天增加。这些人主要是士兵和随行人员，常年漂泊的水手倒无大碍。

终于兀鲁斛也熬不过去了。等马可闻讯赶到床前时，他只剩一口气了。

兀鲁斛伸出骨瘦如柴的手，费力地拉着马可，泪水从眼角流了下来："马可先生，我不行了，一切就拜托你们马可父子了。"

马可凛然说道："你放心吧，责无旁贷，义不容辞。"

冬季终于来临了，每个人脸上都带着喜色。这地狱般的生活总算到头了。马可、尼古拉、玛杜等分别登上了自己的船，船起锚了，水手们欢快地喊叫着。

船队按照原先的顺序，依次驶出港湾。马可站在甲板上，望着越变越小的萨马拉，感慨万千。整整 5 个月的磨难结束了，付出的代价是 200 人的性命。

船队从萨马拉直驶南巫里。这是一个盛产药材的小国，在这儿稍作停留，补充了饮用水，继续前进。

途中先后经过诺克蓝岛和安加曼岛，在这两处停留时，马可的心一直悬在喉咙口。这里不要说国王，连部落首领也找不到，完全是原始社会。看着这些一丝不挂、无法无天的人，总让人想起萨马拉。

长时间在热带地区航行，加上精神高度紧张，很多人得了病，这主要是阔阔真的随行人员。

从安加曼岛到锡兰，是一段枯燥漫长的航程，单调的生活乏味至极，除了常常为死去的人举行海葬，似乎没有别的事干。

马可考虑到大家的安全，只得在锡兰长时间停留。沉重的压力让马可喘不过气来，幸好尼古拉和玛杜默默地担负起了全部内务，他才感觉稍微轻松一些。

船队顺着印度海岸前进，沿途经过俱兰、马拉巴、克斯马科兰等，除了补充饮用水和给养，几个人商定，一般不再靠岸，尽可能加快速度。因为他们发觉，停留越久，反而死去的人越多，这样不如以速度来战胜死亡的威胁。

1293 年春，经过长达近 26 个月的航行，他们终于越过了辽阔的印度洋，到达了波斯东南端的花剌子模港。

大家都高兴地忙着收拾行装，准备下船。

马可独自站在船舷边，望着列队上岸的人们，上船时的 600 人，此刻加上自己，只有 18 人活了下来。

3 位波斯使臣安然无恙，阿必失呵终于没能坚持到终点。阔阔真的那么多侍女，仅剩 1 人。

马可遥望着无边无垠的大海，只觉得眼前一片模糊，从内心发出呼喊："代价实在太大了。感谢上帝，阔阔真没事，父亲和叔叔没事。安息吧，长眠于荒岛和大海中的人们！"

马可转过身，落日的余晖将港湾染成了玫瑰红色。堤岸后的小树林肃穆地站立着，只有树叶在风中发出"沙沙"的响声，诉说着幸存者心中难以言述的情感。

回到威尼斯

察罕向马可他们辞行，准备率领船队回国。马可紧紧拥抱这位勤勉、勇敢的蒙古将领，对他一路上的辛劳一再表示感谢，阔阔真也赐物以示嘉奖。

望着泪流满面的察罕，每个人都感到一阵伤感。

负有忽必烈所托付的重要使命的火者、尼古拉、玛杜和马可，带上一名宫女和几名内侍，护送阔阔真前往伊利汗国都大不里士。他们一行骑马经过起而曼一直向北而去。

国内得知他们已经到达，马上派出大队人马前来迎接。

目的地终于到了。最好的驿馆被腾了出来，用以安置这些远方的贵宾。

但是，最让人意想不到的事情发生了。伊利汗阿鲁浑于 1291 年去世，现在由他的弟弟乞合都以摄政王的名义监国。

突如其来的消息，击垮了阔阔真。她受尽磨难，以为终成正果，谁知竟成了未亡人。今后怎么办？难道自己就孤苦伶仃老死他乡？对于阔阔真而言，这等于是世界末日的来临。

看着泪如雨下的阔阔真，马可心如刀绞。共同经历两年多的旅行生活，使他的情感发生了微妙的变化。在他眼里，阔阔真除了是一个稳重大度、气质优雅的年轻王妃，更像是他的妹妹，一个美貌恬静、温柔可人的少女。

马可在拼命安慰她："王妃，您别急坏了身体，待明日见了乞合都汗，自会明了的。"

阔阔真伤心地说："王妃？我现在是谁的王妃？早知如此，不如

死在路上算了，省得像个孤魂野鬼似的。"

火者、尼古拉、玛杜也赶来劝说开导阔阔真。马可悄悄关照唯一幸存的宫女，要她务必注意阔阔真的情绪变化。

第二天清晨，火者、尼古拉、玛杜和马可四人陪伴着阔阔真前去叩见乞合都汗。

伊利汗的宫廷充满着异国情调，到处镶金嵌宝，漂亮的波斯挂毯、地毯使整个大殿金碧辉煌。高台上坐在用珠宝装饰的宝椅里的就是乞合都汗。

马可他们叩拜已毕，乞合都命赐座。他那炯亮的眼睛紧盯着他们，盯着阔阔真。火者奏明了此行的详细经过，马可从随身携带的皮囊中取出小小的长木盒，内有忽必烈大汗的书信。一名内侍走上前来，双手接过盒子，转身呈给恭敬地站起身来的乞合都。

乞合都缓缓打开盒子，解开信札上的黄绫带，仔细地读着。殿内一片寂静。片刻，乞合都抬起头来，面带微笑地说道："感谢你们，尤其是三位不远千里专程护送的使臣。情况想必你们已经知晓。我已决定，按照蒙古人的风俗，将阔阔真公主赐配给阿鲁浑汗的长子合赞。他此刻正在东部的阿卜合儿，率军防守边境之地。这样，再辛苦你们一次，把阔阔真公主安全地送到那里。"

乞合都作出了这个谁也没料到的决定，阔阔真惊得一时说不出话来。但马可并没有显得多么惊讶，他太熟悉这个风俗了，更何况阔阔真还没有嫁给阿鲁浑汗，和他的儿子结婚也是理所应当的。

在领受了乞合都隆重丰盛的赐宴后，一行人又回到了驿馆。

阔阔真虽然不像开始那样悲痛欲绝，但脸上依然愁云密布。马可知道，这个变化太突然了，她一时无法适应。

马可开了个小小的玩笑："您看，这不还是王妃吗？我想，这其实是个很好的结果。放宽心吧，不要搞坏了身体。"

阔阔真坐在椅子上默不作声。她压根不相信，以为马可是在安慰自己。

"我相信自己的预感和判断力。阿鲁浑汗的去世是无法挽回的。合赞王子年轻有为，你们郎才女貌，一定会幸福美满。"

阔阔真被马可的一番话说得笑了起来，脸上泛起了淡淡的红晕。

火者、尼古拉、玛杜和马可护送阔阔真再次踏上了旅程。早已得到消息的合赞派出大队人马前来迎接。

1293 年 8 月，他们抵达阿卜合儿城。婚礼是极其盛大而隆重的，整个城市张灯结彩，洋溢着欢乐的气氛。为了取悦公主，合赞王子建造了一座以黄金为柱、备有美丽的丝绸帘子的蒙古包，作为两人的新房。

年轻英俊的合赞王子很像他的父亲，是一位身材魁伟的贵公子。他的脸上自始至终充满着微笑，他不时转过头来望望身边美艳的阔阔真，眼睛里闪烁着喜悦的光辉。

而阔阔真则完全陶醉在幸福之中，她的手被合赞王子握着，她就像一朵盛开的玫瑰花，光彩夺人。这真是天造地设的一对佳偶。

离别的时刻到了。合赞和阔阔真亲自将威尼斯人送出了阿卜合儿城。合赞一再对他们表示感谢，并赠送了许多礼物。依依不舍的阔阔真泪流满面，无语凝噎。在她的眼里，尼古拉、玛杜和马可不仅是大汗派来护送自己的使臣，更是充满慈爱的长辈，是自己的亲人。马可望着伤心的阔阔真，一时竟不知如何去安慰她。

已经走出很远了，马可从马上回头，发现合赞和阔阔真还站在那儿，目送着他们。

大不里士，不仅是伊利汗国都之所在，而且也是东西交通线的枢纽。他们实在太累了，于是准备在这里好生休息一下，放松一下绷得过紧的神经。现在已是秋意浓浓，干脆来年春季再动身。

17 年来，第一次不用上朝，不用去衙门，不用奔波在外，他们重新体会到什么是无拘无束、自由自在。

休闲了一段时间，尼古拉和玛杜又忍耐不住窗外喧闹商市的诱惑，干起了他们的老本行。金秋时分，正是大不里士一年中最繁华的日子，东西方各地的商人带着各自的货物会集于此。这兄弟俩在商海中如鱼得水、左右逢源，发了一笔不小的财。

这天晚上，尼古拉和玛杜正坐在灯下核对着他们的账目，马可突然提出要抛出手中的货物，两人很诧异，忙问这是为什么。

马可看着屋角堆得像小山似的大箱小包，慢条斯理地说："现在伊利汗国治安状况很差，各地多有盗匪，我们的货物这么多，要十多匹马才能运走。如此庞大的马队，本身就非常引人注目，何况我们只有 3 个人，搞得不好，人财两空。"

后来，尼古拉、玛杜勉强接受了马可的建议，开始陆续抛卖手中的货物，以此再去购买黄金珠宝。但实际上两个人还是不太情愿，可他们又说不出更好的理由。

冬去春来，他们在大不里士已经逗留了近 9 个月时间。尽管马可拼命催促，尼古拉和玛杜仍留下了不少东西。

夏季即将来临，3 个人商议已定，准备起程回国。他们专程前往王宫，向乞合都汗正式辞行。

乞合都对他们再次表示谢意，并赐给他们 4 面金牌。金牌重三四个金马克，每块长约 45 厘米，宽约 53 厘米，其中有两面鹰牌，一面狮牌，一面净牌。金牌正面的铭文为"祈求上苍，护佑大汗，皇帝英名，既寿永昌"。这些金牌象征着保证持有者的安全，可以获得驿马、食粮、住宿和护卫，并能在疆域内自由通行。3 个人非常高兴地接受了这意想不到的重礼。

有这 4 面金牌，他们在伊利汗国境内诸事顺利。所到之处，地方官吏都热情相迎，并代为筹办一切。有些治安较乱的地区，地方官甚至派出了 200 人的骑兵护送。

归途中，他们得到了忽必烈大汗驾崩的噩耗，不由号啕痛哭。马可心中突然有了一种沉重的失落感：毕竟在那遥远的东方有他的事业，有他的辉煌。他知道年迈的忽必烈可能活不了多久，但当真的成为现实时，他难以相信傲视天下的皇帝就这样离开了人世。

也许是因为太顺利了，也许是因为回家的迫切心情，他们放松了应有的警惕，等他们发觉情况不妙，已经来不及了，而这恰好发生在离开伊利汗国的前夕。

尼古拉、玛杜、马可回去的路线和来的时候不同。原因很简单，1291 年，阿克城终于失陷了，耶路撒冷王国就此灭亡，如再取道阿克，无疑是自找苦吃。他们就一直向西北方向前进，从特烈比宗中转。

特烈比宗城位于黑海的东南岸，是西方到东方的极为重要的港口。大概他们出门太久，已经忘了这是威尼斯的死敌热那亚人的势力范围。在他们离开威尼斯的这段时间里，这两个国家不断发生战争。

1294 年，威尼斯舰队在希腊近海逮捕了 3 艘热那亚船，引发了又一场战争，在阿雅斯海湾，热那亚人大败威尼斯人。余波尚未平息，黑海一带战争风云又隐隐而现。

3 个威尼斯人正朝着他们自认为安全的危险地带一步步走去。越临近特列比宗城，他们发现热那亚人越多。

就在特烈比宗城郊，马可看到十多个热那亚人远远地跟在身后。他猛地想起，这些人前两天曾经多次出现在他的视野里，可惜没有引起足够的重视，现在看来是瞄上自己了。确实自己也太招摇了，身着华丽的服装，带着大批行李，本就令人注目。马可暗暗摇头叹息。

马可突然觉得危险可能要降临到头上，他刚要提醒父亲和叔叔注意，已经太迟了。还没等他们反应过来，十多个热那亚人已策马冲到他们面前，几把长剑团团将他们围住，3 个人眼睁睁地看着这些强盗得意扬扬地牵着驮有行李的马匹呼啸而去。

马可真的急眼了，被劫走的不光是货物，更重要的是忽必烈写给

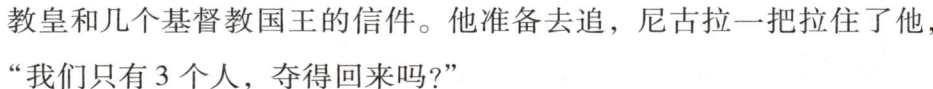

教皇和几个基督教国王的信件。他准备去追，尼古拉一把拉住了他，"我们只有 3 个人，夺得回来吗？"

马可无力地低下了脑袋，狠狠地"咳"了一声。

他们垂头丧气地向前走，谁也不说一句话。有什么可说的，一切都完了，多少年的心血付之东流。如果不是马可坚持把部分黄金珠宝藏在随身穿的衣服里，恐怕会一贫如洗，连家都回不去。马可第一次感到自己坠入了无底的深渊。尼古拉和玛杜真后悔心太贪，到头来竹篮打水一场空。

他们找了一家小旅店住下来。按照马可的意思，把剩余的珠宝全部缝在衣服里，将旅途里早已穿得破旧不堪的蒙古服装套在外面。拿出点黄金换成银币。准备妥当之后，他们匆匆赶到特烈比宗城。

尼古拉、玛杜和马可隐瞒了身份，悄然从特烈比宗坐船到君士坦丁堡，再从君士坦丁堡搭上了一条开往亚平宁半岛的商船，开始了他们最后的旅程。

商船途经希腊东南海岸的内格雷蓬特岛，无惊无险地向本次航程的终点驶去。没有人注意到船上 3 个郁郁寡欢、貌似穷愁潦倒的异乡人。随着家乡的临近，在他们颓丧的心中重又唤起了激情。

1295 年，在离开威尼斯 25 年之后，他们终于重新站在圣马可广场上，又回到家了。

晚霞中，一切都和往常一样：总督府屋顶上那面巨大的圣马可雄狮之旗在风中飘扬，雄伟的威尼斯大教堂光彩依旧，同样的店铺和货摊，同样的卖唱者在争夺听众，同样喧闹的以物易物的喊声；同样狡诈而只顾自己的人群，其中有小贩、僧侣、店主、商人、水手、贵族、家庭主妇、妓女以及活泼欢乐的孩子们。

海风唤起了他们沉睡的记忆，一切是那么熟悉、那么亲切。

他们背着行囊，穿街过巷。没有一个人说话，心中的激动全部化成了匆匆的脚步。

家，就在眼前。一切都没有变化，门上雕刻着3只小鸟，这是波罗家的标志，只是旧了些，这就是岁月留下的痕迹。

马可上门叩开了房门，里面站着一位年轻人，他吃惊地望着3个面黄肌瘦、穿着破烂的异国服装、操着怪腔怪调的口音的陌生人，愣了好一会，才彬彬有礼而又冷淡地对他们说："如果是仓库的事情，就请明天一早再来！土耳其人的旅馆，这附近就有。"

尼古拉高兴地喊道："是我们回来了，尼古拉、玛杜、马可，我们回家了。"

年轻人压根儿不相信："什么，波罗老爷回来了？拿这种借口来骗钱的叫花子，这已经是第七次了。尼古拉老爷和玛杜老爷早在10年前就死在东方的国家了。不要胡说八道了，连威尼斯话都说不清楚，还来胡搞些什么！"

他回过头就想走，马可突然喊道："马西拉！"

那人大吃一惊，差点坐在地上，"你是谁？你怎么会喊出我的名字？你从谁嘴里打听来的？"

"你看，我就能喊出你的名字。马西拉，我的玛杜弟弟、费迪吉弟弟还好吗？还有琵纳婶娘和表哥法里克斯呢？"

马西拉这下真被镇住了，他不敢再放肆了："你真是马可少爷？一家人现在都住在乡下的别墅里，玛杜少爷打猎去了。因此我不能在主人不在的时候随便让人进来。"

老玛杜说："岂有此理！我就是老玛杜，这位是尼古拉老爷，我们刚从中国回来。主人回来了竟然不让他进门，这更不像话了。"

趁大家犹豫的时候，马可一下挤进了房里。没等他们往外赶，他飞快地将屋里的结构说了一遍，又一一说出往日发生的一切。显然，这些事外人根本无法知晓。这一系列的人证物证总算把3个人从困境中解救了出来。

顷刻之间，原本充满疑惧的家里顿时变成了一片欢乐的海洋，笑

声在泪雨中荡漾。

家里人很快从乡下的别墅赶来了。尼古拉和玛杜望着已中年的妻子和高大的儿子感叹着："我们离家太久了，苦了你们了。"

几天过去了，快乐渐渐化作了宁静。马可向父亲和叔叔提出举行一次盛大的宴会，把亲戚朋友和邻居一齐请来。尼古拉和玛杜满口答应，他们正想好好炫耀一番。

而马可考虑得更深一层。自己的经历太富于传奇色彩了，偏偏又拿不出大汗的信札和其他元朝的物品作证据，这些最多也就到过黑海沿岸的威尼斯人会不会相信呢？马可心中不停地在思考这个问题。

从中国带回来的各种色彩美丽的丝绸帘子，挂在宴会大厅里面的各处墙壁上；在桌上摆着贵重的金杯银碟和闪着光泽的珍贵陶器。

尼古拉把3个人穿着的3套肮脏的旧旅行服拿出来，人们都屏住气息等着看个究竟。

马可拿起一件，很快地把小刀子插进衣服接缝的地方，只听见"沙——沙——沙"的割开衣服的声音，突然，从衣服里骨碌碌滚出来五光十色的红宝石、蓝宝石、红玉、钻石、翡翠等，人们所能想象得到的世界上各式各样的宝石，都在灯光下灿烂发光。

马可把3件衣服拆完之后，才把小刀放下，宝石在桌上堆得高高的。马可平静地说："各位来宾，我想你们之中不相信我的父亲、叔叔和我——我们就是尼古拉、玛杜和马可——的人大

有人在。这也难怪，我们离开威尼斯到中国去的时间太久了。但是，现在请各位看看，去了 25 年才回来的我们，至少不是讨饭的乞丐，还算符合波罗家的身份，这一点还请各位明察！"

有人说："不，我从来没有怀疑过。那两个老人不用说了，而且马可先生，您跟您的弟弟玛杜先生长得一模一样。"

小小的展览会让参加宴会的所有人看傻了，尤其是那些奇珍异宝令这些亲朋好友觉得仿佛身处奇妙的幻境之中。

尼古拉、玛杜和马可尽力回答着每一个人提出的问题。

有人说："不管如何，去了这么久才回来，真是值得庆贺……请您把忽必烈大王的故事讲给我们听听吧！"

马可说："忽必烈大王是世界上最富裕、最伟大、最贤明的人。他虽然拥有几百万侍从人员，支配无数个都市，拥有宝石、骏马、宫殿……难以计数的财富，但是，他仍然是以蒙古兵马蹄所到的地方，蒙古兵弓箭所射到的地方，来作为他的故乡。"

这时，人们纷纷提出各种问题：

"他的宫殿在哪里？"

"中国这个国家是在哪一个方向？"

"蒙古人是不是异教徒？"

尼古拉、玛杜和马可的回来，在威尼斯引起了不小的轰动。他们传奇般的故事很快传遍了大街小巷，而且越传越玄，到后来竟然有人说他们从印度带回了传说中的狗头人和小矮人。

他们的家也成了博物馆，终日门庭若市，很多贵族和平民络绎不绝前来探访。他们一遍遍地重复着自己的经历，回答着越来越古怪的问题。

传奇在人们的口中慢慢变成了传说，添油加醋之后，有些地方已变得荒诞不经。马可他们开始听到一些不和谐的声音，几个号称是权威的史学家宣称，虽然他们从印度带回了不少珠宝，还有一些所谓的元朝的物品，但这无法证明他们所说的一切，这些东西在波斯也是可以买到的。

尼古拉和玛杜听了火冒三丈，立马准备去和他们辩个明白，马可一把拦住，说："如果不说服这些人，本来就已经被传得荒诞古怪的事就会变成事实，就是我们在编故事，甚至是说谎。毕竟所说的一切对于威尼斯人太遥远，太不可思议。这里比起大都要落后很多很多。让别人相信的唯一办法是去见教皇。不要忘了，我们是教皇派出的使节，回来之后自然应当向教皇复命。"

尼古拉和玛杜听了这一番话，渐渐平静了下来，仔细一想，马可的分析很有道理。

他们秘密去见教皇。教皇格里戈里十世在 1276 年就已去世，在此期间，教皇像走马灯一样登基，现在位的是庞尼菲斯八世。

雄伟壮丽的教皇府邸，几个武装士兵悠闲地在巡逻。他们来到了边门，尼古拉向门口的卫兵简单地陈述了一番，提出要见教皇。

不一会儿，一位秘书傲慢地走了出来。尼古拉急忙上前，讲述了事情的前因后果。年轻的秘书默不作声地听着，等尼古拉说完之后说："请诸位暂等片刻，我去禀告教皇，由他决定。"

他们焦灼不安地在门外等着，他们不仅是在等候教皇的召见，更是在等候对他们命运的判决。

时间一分一秒地过去，边门开了，那位年轻的秘书走了出来，马可竭力想从他脸上看出点什么，可惜一无所获。秘书表情依旧，但他的话却似炸雷一般震撼着几个威尼斯人："教皇不能召见你们。"

他们不约而同地说："为什么？我们是教皇的使节啊！"他们还拿出了金牌给秘书看。

秘书向他们伸出手："很明显，教皇格里戈里十世的手书呢？忽必烈皇帝的信呢？凭什么说你们是教皇派往元朝的使臣。金牌本身说明不了什么。"

尼古拉说:"教皇交代使命时,维琴察的尼古罗修士和的黎波里的威廉修士在场,他们曾陪同我们到达小亚美尼亚,他们可以作证。"

秘书摇了摇头,"这两位教士不知在何方,也可能早已不在人世,无法找到他们。这样吧,我再去查一下档案中有无记载。明天你们再到这里来。"

然而,残酷的现实粉碎了他们的期盼。第二天,秘书的脸上冰冷似铁,告诉他们,关于格里戈里十世遣使赴元朝在档案中没有任何记载。看得出,他从半信半疑变为不相信。

最后的希望破灭了。尼古拉、玛杜、马可有口难辩,马可冲着蓝天大吼一声:"难道这是天意吗?"

这一次求证经历,几乎打垮了马可不屈的意志。依照尼古拉和玛杜的意思,还想去找威尼斯大公和元老院。马可却无奈地说:"算了,别去了,他们更不会相信我们。20多年了,这些人还是井底之蛙。他们蒙上眼睛,拒绝承认基督教之外的世界。元朝对于他们来说,不仅是神秘的东方,更是地狱,是野蛮人聚居的地方。我们所经历的一切,对于他们的智力来说,太高了一点,他们无法理解。"

尼古拉和玛杜沉默良久,长叹一声:"罢了,万事皆休。"

马可的傲气又起来了:"不,还没有休。我不会甘心于此的。"

从教廷到威尼斯,这并不算太远的路程,竟让他们觉得比从元朝回来的路还要漫长,还要难走。

他们以生命为代价,完成了教皇格里戈里十世交付的使命,谁承想教廷竟然不相信他们,不再需要这一切。这真像是一场噩梦。

从往日荣耀的顶峰一下坠入绝望的深渊,马可就这样开始了他的第二人生,开始了他更为艰难困苦的人生。

战争中不幸被俘

1296年，马可遵照父亲的意愿很快结婚了。

妻子杜纳达是小户人家琵达丽·巴德尔的女儿，沉静而文雅。马可第一次享受到温馨的家庭生活。很快，马可就有了女儿凡蒂娜。尼古拉兄弟暮年之际，还能享受到温馨的家庭生活和天伦之乐，知足了，随别人怎么去说吧！

马可很能理解父亲和叔叔的心境，辛苦了一辈子，安享晚年是很低的要求了，何必再让他们为往日的一切去拼搏呢！

马可接受不了这一冷酷的事实：不被人理解是痛苦的，但被人错误地理解则更痛苦。因为马可在和人们谈起元朝时，总是爱用"超过百万"这个形容词，一些好事之徒居然为他起了一个"百万马可"的绰号，管他们家叫"百万第"。到后来，"百万马可"成了假大空的代名词，在威尼斯流行起来。

心高气傲的马可一反往日率直的天性，不再和无知的人们去争论，他在等待机会，等待能证明他才华的时刻。

就在这时，威尼斯城风云突变。当时，争夺世界海上霸权的国家，只有威尼斯和热那亚两大都市。两方面都在地中海拥有庞大的商船队，自东洋各国输入物资，运往欧洲贸易，竞争得很激烈，冲突不断升级。

自从1294年阿雅斯海战惨败后，威尼斯人一直耿耿于怀。热那亚人封锁了威尼斯的海上交通线，直接威胁到威尼斯的生存和发展，商人们的活动范围越来越受到限制。热那亚人对威尼斯商船和货物课以重税，商人们群情激昂，忍无可忍，他们一再要求元老院采取必要的措施。

战争的阴云愈逼愈近。威尼斯城内谈论的焦点就是战争，要彻底打败热那亚，重新夺回海上控制权。

不时有来马可家做客的人对他说："马可，要打仗喽！"

马可赶紧问道："那么，还是热那亚国的舰队来攻打我们吗?"

"是的，去年威尼斯曾经焚毁了在亚得里亚海岸一带的热那亚工厂，袭击了阿弗城，并加以掠夺，所以他们决定派出强大的舰队，进入亚得里亚海向我们报仇。"

"这就是说，决战的时候到了。"

"不错，是决战！"

1298 年初，热那亚派遣强大的舰队，侵入亚得里亚海，决定给威尼斯一次大的打击。但是，这个舰队在阿特兰陀湾碰到了大风暴，一时陷于溃散。提督兰巴·杜尼亚只好率领 20 艘大帆船开往阿尔巴尼亚沿岸的安其巴里港避难，其他 58 艘双排桨大帆船也在这时聚拢过来。另外还有 16 艘船失踪了。

1298 年 7 月，威尼斯共和国向热那亚发出最后通牒，热那亚共和国自恃强大的国力，严词拒绝了威尼斯人的要求。

马可静观事态的发展。他意识到这是证明自己才华、改变他人偏见的绝好机会，他暗下决心："不能置身事外。"

马可一家不但同意马可参战，还捐出一些钱以供军需。

马可亲自去见威尼斯总督。总督对这位马可早有耳闻，当他听到马可准备出资装备一艘战舰参加战斗时，大喜过望："太感谢您了。我正在为军舰数量不足而发愁。要知道，我们面对的是一个强大的敌人。"

马可信心十足地说："我身为威尼斯人，理当为国效力。我参加过战争，而且我的海上经验会有一些用处的。"

总督高兴地说："那事不宜迟，就请您尽快做好准备。战争随时

可能爆发。"

从总督那儿回来之后，马可像换了一个人，他以充沛的精力投入到装备战舰的工作中。

9月5日晨，突然接到报告，热那亚海军将领南巴德里亚指挥的一支庞大的舰队已经来到亚得里亚海。

全城拉响了警报，战争总动员开始了。

一艘刚刚装修完成的双排高帆船舰上，马可舰长全副武装地站在前甲板，海风袭来，卷动着他长长的披风。他的军舰船身细长，两舷分别装有长桨100支，有船员约250名。

军情紧急，热那亚人的用意很明显，逼近威尼斯海域，先发制人。因为事先没有严密的计划，军舰驶出港湾时乱成一团。马可皱着眉头看着争先抢道的军舰，转身下令："升起所有的帆，用桨划，加快速度，离开集群，到外海去。"

水手们齐声应道："是，舰长。"按照马可的指令操作。

经过好一阵混乱，军舰在外海集结完毕。按照旗舰的指令，各舰依次排开，循序渐进。

舰队缓慢地沿着达尔马希亚海岸航行。出发时狂热的情绪经过一天的航行，似乎被无边的海水吞没了。海是静的，舰队是静的，马可的船也是静的。偶尔发出的操舵的声响和水手零星的脚步声，打破了让人窒息的沉静，可是这声音在万籁俱静中听起来，恐怖而神秘。

马可站在后甲板上，一动不动地靠着船舷，注视着这支庞大的舰队。他满脸胡须因风吹日晒已变得苍白，皮肤也因长年旅行而变得粗糙。饱经风霜的脸上，一双蓝色的眼睛清澈而深邃。虽然他年过40岁，但动作依然像小伙子一样敏捷。长期的冒险生涯，使他对眼前的处境产生一种本能的警觉。

马可看看前后左右，各舰正按部就班地前进，心中暗自发愁。他对一名站在他身旁的军官说："直至现在也没有得到任何有用的情报，就这么稀里糊涂地向上撞。应该派出足够数量和批次的侦察船，我们对敌人的情况所知甚少。这种宁静不太对头。"

夜来了，像死亡来临一般。马可披着斗篷靠在船舷上，一动不动，向外面的黑暗中注视。浓雾掩盖了整个舰队，船舰之间彼此看不见，只有方位灯偶尔投射出鬼怪般的灯光，不几秒钟便又消失了。

有两个人从驾驶台出来，脚步沉重地跨上甲板。他们穿着制作精美的皮铠甲，手上的提灯照到了马可。他们走到马可跟前，"舰长，11 时了，现在轮到我们接班。您该休息休息了。"

另一个军官说："海面风平浪静，一直在起雾，我们很安全。"

马可摇了摇头："我不喜欢这样的风平浪静，这正适合热那亚船队的快艇。"

9 月 6 日，这个星期六的下午，在达尔马希亚沿岸东方近海的克鲁左纳岛突然遭遇上了强大的热那亚舰队。当时，热那亚军舰 78 艘，威尼斯 75 艘。热那亚舰队在克鲁左纳岛东端附近，背着沙宾柴洛半岛，布下阵势；威尼斯舰队沿着克鲁左纳岛南侧前进。

旗舰的桅杆上升起了准备战斗的旗帜，所有的军舰慌慌张张地展开战斗队形。此刻他们正值逆风航行，各舰的动作非常缓慢，而热那亚舰队早已全部展开，以 3 艘重型军舰为先导排成楔形向威尼斯人猛冲过来，一下就将威尼斯舰队切为两半。

忽然间，一种可怕的惊天动地的喊叫，从成百上千个喉咙里迸发出来，似乎充斥着整个大海："为热那亚和圣乔治而战！热那亚！圣乔治！"

长箭如雨点般朝他们飞来。站在马可身后的军官惨叫一声，一头栽倒在甲板上，一支箭射穿了他的咽喉。仓促从舱内爬出来的威尼斯士兵一批批被射倒。

马可拼命喊道："立刻还击！"他又对舵手下令："立刻转舵！避开他们，从侧面迂回。"

马可的军舰刚刚移动，一艘热那亚船和他们擦船而过，一旦拦腰被撞，船体肯定会受到严重损伤，甚至丧失战斗能力。马可庆幸自己动作快。别的船就没有这么好的运气了。

马可身后的一艘舰船被直冲过来的热那亚战舰把整个舵给削掉了，就像一条死鱼瘫在海面上，两艘热那亚战舰一左一右夹住了它，这艘船简直成了活靶子，成了屠宰场，不时传来令人心悸的惨叫声。火把一个个飞上这艘船，很快，整艘船熊熊燃烧起来，一些活着的威尼斯士兵跳海逃生。

马可的迂回侧击，并没有得到其他战舰的响应。很多威尼斯战舰要么陷入热那亚舰队的合围，正在苦战；要么被自己一方的船卡住，无法冲出来。整个威尼斯舰队一片混乱。

热那亚舰队以重型战舰作为主要的突击力量，数量众多的灵活快速的小型舰艇穿行在海面，配合大舰一次次向威尼斯人发起猛烈的冲击。

马可刚刚从侧翼冲入热那亚人的舰群，马上就被包围，费了九牛二虎之力才摆脱掉。没等他再度做出规避动作，热那亚人又缠住了他。

一次次地合围，一次次地突围，马可的船上躺满了士兵的尸体，但他们仍在不屈不挠地冲杀。

夜幕的降临，并没有给威尼斯人带来好运。失踪很久的 16 艘热那亚军舰此时突然降临到战场上。10 多艘燃烧的舰只如同一个个巨大的火把，将海面照得通明。威尼斯舰队开始向后退却，热那亚舰队紧追不舍。

马可感觉，9 月 6 日的夜晚太难熬了，然而又是如此短暂。还没等他们缓过劲来，天已放亮，马可绝望地发现热那亚人又一次围住了他们。

一方在为胜利而奋斗，另一方则为逃命而厮杀。趁着马可他们惊魂未定之际，一艘热那亚战船逼了过来，船上的士兵迅速用许多铁钩戳入木头，钩住大船的船舷。热那亚士兵蜂拥而上，双方在甲板上展开了一场生死搏斗，到处是戈矛的撞击和刀剑匕首的刺戳，不时传来双方士兵的惨叫声。

10多个热那亚士兵冲向船尾，他们想控制船舵。马可正站在舵手身旁，他挥舞长剑，抵挡着四面八方伸出来的大刀、长矛。几个威尼斯士兵一看舰长被围，冲出来保护马可。

马可身边两人立即倒在敌人的钢刀之下，第三个人又被一棍子击倒，躺在马可脚边。一个狞笑的热那亚人再次举起狼牙棒，马可乘机从他的铁锁甲下面往上一刺，那人便一声尖叫弯下了身子。马可也高声叫喊集合部属，发出他们自己的战斗呐喊："威尼斯和圣马可！"

马可左肩感到一阵焦灼的疼痛，一把剑刺进了他的盔甲。于是他来个冲刺，用剑割断了那名热那亚人的喉咙。

甲板上的水漫过了脚踝。突然听得上面一阵欢呼，他抬头张望，一个动作敏捷的热那亚士兵已经爬上了主桅杆，一把扯下了圣马可雄狮旗，丢进了大海之中。马可知道，他的船完了。

正当他一愣神的工夫，一根大棍重重地砸在他的头盔上，他两眼一黑，倒在甲板上，完全失去了知觉……

这场海战以威尼斯人的惨败而告终。威尼斯舰队几乎全军覆没。7000多名威尼斯人成了俘虏，马可和提督端德洛也包括在内。

狱中相遇作家

马可再次醒来的时候，他吃力地抬起头，四下看了看："这是在什么地方？"

昏暗的船舱中有一种令人作呕的恶臭，在他周围有几十名威尼斯士兵，人群中不时传来呻吟和低语声。马可感觉自己的头像裂成两半一样，他努力集中精力，定下神来，总算明白过来：这是热那亚人的船，自己当了战俘。

马可重新躺了下去。他呆呆地望着头上的舱板，良久，长叹一声："真窝囊，打的什么仗，莫名其妙就败下阵来。要是有大汗军队中的火铳就好了，热那亚人根本无法靠近自己，恐怕只剩挨打的份了。"

马可情不自禁地又想起了元朝，他曾经住在中国壮丽的王宫里，身穿华服美饰，受到忽必烈大汗的恩宠……现在，却成了热那亚的阶下囚……很快，他又昏睡过去。

热那亚船队在克鲁左纳附近海面的遭遇战中获胜之后，便向西南往地中海航行，绕行西西里，然后往北经过萨丁岛和科西嘉岛。为战俘配给的口粮和用水是少得可怜的。伤重而死亡的被拖出来丢入海中。

舰队乘着顺风，张起满帆飞速前进，经过比萨、卢纳和拉瓦尼亚，阵阵欢呼声唤醒了马可。他听到船停靠码头的碰撞声和抛锚的声音，热那亚到了。

舱盖"砰"地打开了，马可和他被俘的伙伴们被赶上甲板。马可头还很痛，他跟跟跄跄地挤出人群，向四周瞭望。

令人惊异的热那亚。即使马可见过无数美景，依然被热那亚的秀丽吸引住了。在城市上边高高耸立着雄伟的大山，顶峰插入云霄。山上覆盖着橄榄树，漫山遍野，层层碧翠，给整个景色增添了富饶的气派。大理石的宫殿在阳光下闪闪放光，大教堂的尖顶直插天际，楼房、城堡、高塔散落在绿色的大地上，就像一幅优美绝伦的苏州刺绣。

"快，快走！"热那亚士兵的叱责声打破了马可短暂的享受。

热那亚舰队一艘接一艘地停泊在码头旁，被俘来的威尼斯船只，船尾向前，倒曳着旗帜，拖进了港湾。

马可夹在战俘队里被驱赶上岸，由全副武装的士兵押解，穿过肆意嘲弄他们的人群。狭窄的街道似乎永无尽头。他们来到一座用高墙围着的巨大的院子里，马可明白，他的囚禁生活开始了。

但是，马可一直受到另一个俘虏——是他舰上的弓箭手贾凡尼——的照顾。贾凡尼告诉他："舰长，多亏我们受了伤，那些没有受伤的人都送到大船上去做奴隶了。"

马可一直发着高烧，贾凡尼尽心尽力地照顾着他，而且还要做他的保镖，与其他囚犯发生冲突。

后来，狱长亚诺尔福来视察，贾凡尼抓住机会，指着高烧神志不清的马可对狱长说："先生，他受了伤，发高烧，几乎动弹不得。但是，您应该听一听他讲的所有故事。"

旁边有个人说："他一直嘴里胡说着，什么和尚飞行，尘土爆炸，还有神仙和龙，都是亵渎神明的故事。"

亚诺尔福问贾凡尼："到底是些什么故事？"

贾凡尼说："是他在旅行中的故事。先生，他是威尼斯商人，他讲过许多离奇的事情，我们不好理解，但可能是因为他在发烧，他自己也不知道在说些什么。他是我们的舰长。"

亚诺尔福对最后这句话产生了兴趣："舰长？"

贾凡尼马上抓住时机："是啊，先生。他是个贵族，我们就称他'百万马可'。他家非常有钱，会替他缴付一笔可观的赎金的。"

亚诺尔福仔细观察了一下脚边病中的马可："他很有钱吗？好吧，我们当然不能让他在收到赎金之前死掉。把他安顿到楼上去，跟另一个讲故事的人合住在一起……你，揽他走。"

贾凡尼揽扶着马可走上楼来。

圆形的小牢房虽小但干燥整洁，没有下面的恶臭。牢房里备有朴素干净的床铺和桌椅。马可穿上了家里送来的衣服，墙角靠铁栏杆的窗户下放着一张桌子，桌子上有几卷羊皮纸和一本祈祷书，屋子两边各放着一张小矮床。

狱长听说他是个巨富，于是还给他送来了一杯牛奶和一些橘子。

马可醒来了，看着牢房里另一个中年人。他比自己年纪大些，头顶光秃秃的。身上穿着件旧长袍缠着腰带，腰带把那大肚皮隔成了两档。

那人四下打量一下，好奇地盯着马可："你是谁？"

"威尼斯人，马可·波罗。你呢？"

"比萨人，鲁思蒂谦。怎么进来的？"

"在海战中被俘。"

鲁思蒂谦点了点头。马可向他讲述了这次大海战的情况，鲁思蒂谦笑着说："这下好了，有人做伴，坐牢也有趣多了。耐下性子吧，什么时候出去，就看你们国家的态度了。我在这儿已经整整住了14年了。1284年的夏天，我们的舰队在阿模河口被热那亚舰队打败，可能将近有10000人被俘，我很幸运，就进来享受了。该死的比萨老爷们，折腾到现在也没个结果，大概早把我们忘了。"鲁思蒂谦宽厚的脸上现出怒色。

马可看着桌子上的祈祷书，问："你是教士吗？"

鲁思蒂谦严肃地说："祝福你，我的孩子。其实我是个作家，写浪漫小说，写宫廷恋爱，写骑士冒险。我的小说《圆桌武士传奇》《特立斯丹传奇》据说已经成了名著。后来，一位仁慈的修道士来听我忏悔，发现我的衣服都烂了，就送给了我他的长袍。嗯，恐怕现在它的酒味比圣洁的气味更浓了。"

这句玩世不恭的话把马可和贾凡尼都逗笑了。

同是天涯沦落人，相逢何必曾相识。鲁思蒂谦和马可成了知心好友。狱中的生活寂寞、无聊，为了打发时间，两个人互相讲些奇闻逸事，马可则讲起了他在亚洲的种种见闻。

鲁思蒂谦听得目瞪口呆，这一切对他来说太神奇了，他微笑着说："你的故事比我的精彩多了。"

马可对鲁思蒂谦说："不，我可不是小说家，我说的也绝不是故事，它是真实的。我在那片土地上曾经住了 17 年，比你在这里住的时间还长一倍。这不是天方夜谭，我可以向上帝发誓。"

鲁思蒂谦用手搔了搔半秃的脑袋，还是有点不太相信："据我所知，整个欧洲好像没有人到过那么远的地方，如果有，恐怕也没有活着回来的。"

"但我活着回来了！我离家的时候还是个少年呢！"

"那是真的了？"

"绝对肯定，所有的一切都印在我脑子里，想忘也忘不了。"

鲁思蒂谦兴奋地搓着双手："太棒了，你的所见所闻还记得多少？"

马可叹了口气："每一件事都记得。我倒霉就是因为记性好，平生的事情从不会忘记一天。"

鲁思蒂谦热切地说："那你一定要讲讲你的经历，越详细越好，从头开始。我要记下这个奇迹。"

马可有些为难："我一讲起来就得许多天……"

鲁思蒂谦说："我们面前可能有无穷无尽的时日，朋友，也许是好多年呢！"

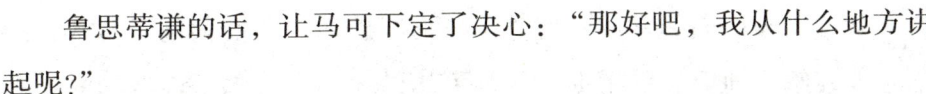

鲁思蒂谦的话，让马可下定了决心："那好吧，我从什么地方讲起呢？"

鲁思蒂谦说："所有故事都从头讲起。你想，你既然是冒了这么多的危险，才得来这些宝贵的经验，要是让它埋没无闻，未免太可惜了。不如我们俩合力来把它写成一本书，你看好不好？"

"好啊！可是，写成书，如果有的地方记错了就不太好了，我先叫家人把资料寄来吧！"

于是，马可还写信到威尼斯，叫家人把他从前在旅行的时候所记的笔记本寄来，正式讲这个故事。

马可的运气真好，如果他没有遇到真诚善良、博学多才的比萨作家鲁思蒂谦，这部伟大的著作《马可·波罗游记》就不会诞生，他也不会在人类的历史上留下光辉的一笔。漫漫的岁月长河将彻底掩盖这一切。

每天马可都在讲述着他的传奇生涯。鲁思蒂谦坐在桌旁，用翎毛笔在羊皮纸上记述着马可的喜怒哀乐。

大不里士的商业、大亚美尼亚的奇异喷油井、雄伟的铁门关、起而曼的丰富矿产、卡劳纳斯强盗、花剌子模恐怖的热风、世界屋脊帕米尔高原、无边无际的罗布大沙漠、繁华的大都、精美绝伦的皇宫、富饶的江南、忽必烈无坚不摧的铁骑……这一切让鲁思蒂谦听得如痴如醉。

鲁思蒂谦边记边与马可讨论。

"马可先生，你说这些元朝人平时是用石头烧饭取暖，可能吗？"

"他们管黑色的石头叫煤，燃烧时间长，火力猛，而且蕴藏量极为丰富。要不是在特烈比宗遭抢劫，你会看到这种东西的。"

"还有，你说他们经商时用纸币，纸当钱用？"

"是的。纸币随时可以换成金银，它具有绝对的信用，那里无人怀疑这一点。"

马可的知识面非常广，他对动植物和矿产等方面很精通，平日的细心观察给了他巨大的帮助。从马可的讲述中，鲁思蒂谦看到的是一个国土辽阔、富饶强盛的元王朝。

鲁思蒂谦从长时间的惊讶到心悦诚服。他放下手中的笔，站起身来给马可和自己各倒了一杯水，想了一下，对马可说："我真的相信你所说的一切。编故事总是有漏洞的，而且不可能如此详尽。你数次遇险，几度远行，给你印象最深的是哪一回？"

马可沉吟着说："在大汗麾下做事，总有个依靠。在云南与缅甸象队一战虽然激烈，还是有惊无险。作为特使出行，主要是考察风土民情。让我心力交瘁的就是护送阔阔真王妃，我无法得到大汗有力的支持，一切都要靠自己。那些荒凉的岛屿、无法无天的土人，天灾人祸，步履维艰。当时我真有点绝望了。"

鲁思蒂谦说："但是，马可先生，你说的一切别人都不相信，教廷早就把你们遗忘了。还有，你想过没有，你历尽艰辛，尝遍了人所不能忍受的痛苦，到头来，不仅不为人们相信，反而遭到误解嘲弄，甚至沦为阶下囚，你后悔吗？"

马可坚定地说："不，绝不！我永远不后悔自己所做的一切。我曾经看到过世界上最美丽的东西，曾经为一代伟人效力。我付出的已经得到了回报。别人不理解，只能说明他们是井底之蛙，见识浅薄。历史会证明我马可所说的一切。"

留下不朽名著

转眼间，马可在热那亚监狱中被囚禁了快一年了，《马可·波罗游记》也写完了。

鲁思蒂谦在笔录《马可·波罗游记》时，态度严谨、忠实，文笔自然流畅，不尚浮华夸张，体现了历史的真实和马可·波罗口述的特点。

在该书《序》的开头，作者就说：

请皇帝、国王、公爵、侯爵、伯爵和骑士们，以及其他各界的人们，都来读一读它，以便能够眼见亚美尼亚、波斯、鞑靼、印度和许多其他地域的人民的伟大而不可思议的奇观，千殊万美的奇异……

这样的开局，这样的笔法，明显地流露出鲁思蒂谦擅长写作骑士传奇的传统风格。

举世闻名的《马可·波罗游记》共分四卷：

第一卷记述了马可·波罗等人来中国的沿途见闻；

第二卷记载了元朝初年的情况，北京、扬州、杭州等历史名城的繁荣景况；

第三卷讲了中国东南邻邦的概况；

第四卷介绍了蒙古诸汗国之间的战争和亚洲北部的状况。

这部作品在 13 世纪末问世之后，一般人为其新奇所动，争相传阅和翻译，成为当时很受欢迎的读物。它不但使马可·波罗名声大震，而且也使热那亚人不得不提前想办法释放他们这一批战俘。

1299 年 5 月 25 日，热那亚和威尼斯正式签署了和平协定，所有的威尼斯战俘即将获释。监狱长亲自告诉了马可这一喜讯。

《马可·波罗游记》打开了中古时期欧洲人的地理视野，在他们面前展示了一片宽阔而富饶的土地和国家，引起了他们对于东方的向往。在这段时间里，不仅是狱卒，就连这位冷酷威严的监狱长也常常来到马可的牢房听他讲神秘的东方。

鲁思蒂谦听到这一消息，从心眼里为马可感到高兴："享受你的自由吧，马可，也为了我。"

马可有些不解："为了你?"

"我的祖国比萨在战争中打败了，无法取得和平。你们威尼斯人现在都释放了。只有天知道，我什么时候才能获释!"鲁思蒂谦说到这里，低下了头，"马可，我请你原谅。"

"原谅什么?"

"因为有少数杜撰的地方……有些背景色彩是我信笔乱写的。你读到我写的东西就知道了。不要为了我的一点添枝加叶而厌恶我。现在我明白了，这些是不必要的。你的书真正是一本世界奇观集。"

马可安慰着伤感的鲁思蒂谦："鲁思蒂谦，它是我们的，我们的书! 谢谢你一年来的照顾和帮助。别丧气，你也会很快获释的。"

马可伸出手去与鲁思蒂谦握别。但随后，卫兵就把鲁思蒂谦押回了楼上的牢房去了。

几天后，马可被释放出狱。他跨出监狱大门，忽然停下了脚步，抬头望着蓝蓝的天空，贪婪地吸了一口新鲜的空气："自由真好。"

马可、贾凡尼和其他威尼斯战俘都立在甲板上，一种共同情感的反应压倒了一切。大多数人在哭，有些在歇斯底里地狂笑，有些瘫倒了下去，有些东蹦西跳。不幸的是，有一个人由于狂喜而死。

他们一起坐船回到了家乡。

船停泊在码头上的时候，聚集着无数的人，绝大多数是妇女儿童，大家在焦虑地等待着亲人的归来。随着船缓缓靠近码头，人群中爆发出一阵惊天动地的欢呼。

贾凡尼跟一个头发黑黑、身子丰满、脸色欢欣、饱经忧患的妇女紧紧地抱在一起，旁边还站着两个小孩子。贾凡尼回头看着一言不发的马可。

马可站在甲板上，一眼就看到了挤在人堆中的父亲和叔叔，他拼命挥手示意。

苍老的尼古拉两行混浊的泪水从干枯的脸颊上流了下来，他紧紧拥抱着马可："太好了，终于回来了。"

马可望着挂着拐杖颤颤巍巍的父亲，眼睛湿润了：一年未见，本来身体很好的尼古拉一下变得很衰弱。

玛杜还是那么开朗，他拉着马可的手大声说道："走，回家去，咱们好好喝一杯。"

一年后，尼古拉去世了。临终前，他紧紧拉着马可的手说："漂泊半生，赶快安定下来，也免得我挂心。"

马可含泪答应了。后来，他与杜纳达又生了贝莲拉和莫雷塔两个女儿。

因为大部分财产在特烈比宗被抢，装备战舰又花去了一大笔钱，现在一下又添了4口人，马可陡然觉得拮据起来。再说，要想在威尼斯取得地位，经商是必需的。

马可考虑了很长时间，和杜纳达商量了好几次，又去征求了玛杜叔叔的意见，决定变卖部分珠宝，筹一笔资金，就在城内租了铺面，做起了生意。马可又在克尔迪迪尔买了一幢房子，把家安了下来。

要说经商，马可绝对比不上他的父亲和叔叔，好在玛杜常常指点一二，他们一家始终过着富裕的生活。

1306年，当有一位法国贵族谢波哇藩主迪博来到威尼斯时，马可把《马可·波罗游记》这本书送给了他。

1310年，玛杜去世。少了玛杜的帮助，马可的生意大不如从前，他只得变卖一些带回来的东西弥补家中的急需。

后来，由于长期涉足商海，聪明的马可也渐渐摸出了一点门道，生意红火了不少。

1318年，长女凡蒂娜嫁给了马可·布拉格登；两年后，二女儿贝莲拉也出嫁了。两次婚礼都让"百万马可"破费了不少。

1320年，马里诺萨努托的世界地图中，新的地理资料取自《马可·波罗游记》。从这部书广为传播以来，一些学术界的有识之士更以《马可·波罗游记》所提供的最新知识，来丰富自己的头脑，充实自己的著作。

1323年冬，一场罕见的寒潮击垮了马可，使他卧床不起。病魔折磨着他，马可感到自己一天天虚弱下去。

1324年1月9日，马可把妻子喊到床前："杜纳达，你去把圣布罗基洛牧师请来，我想立个遗嘱。"

杜纳达伤心地哭了："别这样说，马可，你会好的。你经历过那么多磨难，这一次也会挺过去的。"

马可知道自己熬不了多久了，他急切地说："你快去，我太了解自己了。"

听说父亲病重，凡蒂娜、贝莲拉匆匆赶回家来。一家人围坐在马可的床边，神情忧郁。马可对圣布罗基洛笑了笑，轻声说："麻烦你作个公证。"

圣布罗基洛沉着老练，对于他来说，这已是家常便饭了。他不慌不忙地说："不必客气。你说我写，最后你再过目。"

马可咳了几声，待喘息已定，一字一句地说出了他的遗嘱：

我，马可·波罗，指名我所爱的妻子和3个女儿为遗产所得人。在我死后，执行我的遗嘱，处理我的遗产。

第一，将我财产的1/10捐给阿斯泰勒主教。

第二，捐2000里拉给我将要葬在那里的圣洛伦索教堂。

至于我的妻子杜纳达，除了以前说定的财产之外，每年另付威尼斯金币8里拉。此外，3张床、麻布以及其他家具，全留给她。

至于我的3个女儿凡蒂娜、贝莲拉和莫雷塔，平均分配所剩下的财产和不动产。莫雷塔结婚时，可以得到和两个姐姐出嫁时一样多的金钱。

委托人：马可·波罗

圣布罗基洛记完了遗嘱，将它交给马可。马可看了一下，没什么差错，抓起笔，用颤抖的手签下了自己的名字。公证人圣布罗基洛和作为证人的贾凡尼也分别在上面签上了各自的名字。

"圣布罗基洛先生，遗嘱就放在你那里保管吧！"

圣布罗基洛点头答应了。

在当时，西欧在文化上远远落后于东方，书中讲的中国和东方其他国家的奇闻逸事，特别是关于中国的见闻，中国巨大的商业城市，高度发展的经济、技术和文化，超出了西方人士当时的认识水平，被不少人看作"天方夜谭"，马可也被当作骗子、狂人。意大利的学生，甚至英国的学生都用"这简直是马可·波罗"来比喻骗局。

马可的一些好友得知他重病在床，纷纷前来探访。他们不约而同地要求他为了拯救自己的灵魂，务必删除他游记中的一些似乎撒下弥

天大谎的事情，否则去世后灵魂进不了天堂。

马可看看这些好心而无知的朋友们，苦笑了一声，但他断然拒绝了，并严肃而坚定地回答："很可惜，我不但没有夸大，而且，我所见的事，尚未说到一半。我向上帝发誓，我说的一切都是真实的。"

随后不久，罗马教皇的使节、忽必烈的忠臣、伟大的探险家和旅行家马可·波罗，走过了他71年波澜诡谲的一生，与世长辞。

遵照他的遗言，家人们将他安葬在威尼斯的圣洛伦索教堂的墓地，陪伴在他的父亲尼古拉身旁。

马可去世了，但他给后人留下了一笔巨大的财富——《马可·波罗游记》。

附　录

我们光荣的名字不仅要让眼前的敌人感到害怕，而且要让所有的敌人都感到战栗，那么，我们就一定会获得胜利。

—— 马可·波罗

经典故事

❧ 向往神秘的中国 ❧

马可·波罗小时候，他的父亲和叔叔到东方经商，来到元大都即今天的北京并朝见过蒙古帝国的忽必烈大汗，还带回了大汗给罗马教皇的信。

他们回家后，小马可·波罗天天缠着他们讲东方旅行的故事。这些故事引起了小马可·波罗的浓厚兴趣，使他下定决心要跟父亲和叔叔到中国去。

有一天在教堂外面，马可突然遇到一个怪人，他穿着闪闪发亮的宽大衣服，是个陌生的外国人，独自一人站在石头台阶下发呆。

马可喊了一声："老伯伯！您是从什么地方来的？"

这位脸形扁平而呆板、穿着奇装异服的人，笑嘻嘻地答道："中国。"

"您是中国人吗？"

"是的。"

"中国人都是穿这种衣服吗？"

"是的。"

"这衣服的质料是丝绸吗？"

"是的。"

无论马可问什么，他总是答"是的"。于是马可又问："老伯伯，您是到这里来参拜圣地的吗？"

"不是的，我是来游览观光的。"

"那么，以后呢？"

"回波罗家去。"

"去我们家？那好啊，我们一起回去。"

他们两个一起走着，这时，遇到了一个心地很坏的人，他见到他们俩，举起拳头就冲过来。那个中国人轻巧地侧身一弯腰，飞快地一个扫堂腿过去，一下把那个家伙踢到了水中。

马可佩服地说："老伯伯，您虽然个子很矮，但是一出手可真厉害啊！"

"哈哈！要说骑马、射箭和打架的话，中国人真算得是世界第一，不会输给任何人。"

他们又坐着船回到家门，中国人伸出两只手，一只手里拿着闪闪发亮的威尼斯银元，一只手拿着一张皱巴巴的黄色纸，上面写着看不懂的文字，还盖着红色大印。

船家说："我要那个银元。"

中国人哈哈大笑："好的。但是，你要是到中国去的话，被忽必烈大汗看到，会骂你的。这张纸就是中国钱，它比这个银元价值高100倍。"

 艰难逃脱强盗

1271年，马可·波罗17岁时，父亲和叔叔拿着教皇的复信和礼品，带领马可·波罗，与十多位旅伴一起向东方进发了。

马可与他后来的妻子杜纳达从小就是好伙伴。杜纳达知道以后，一直瞪着马可的脸，后来渐渐地从眼眶中滴出几颗大泪珠来。

马可安慰她说："杜纳达，别哭，我回来的时候，一定从中国带很多纪念品给你。你喜欢什么，说吧！"

杜纳达忘记了伤心，想着说："对了，带一只小猫，或一只小狗回来，你看好不好？不对，还是两样都带比较好些。"

"好的，杜纳达，不要伤心了。等着我回来。"

杜纳达抬头望着马可，眼里含着泪珠，面露微笑："我等你们回来，马可。可别忘记喽，选一只可爱的小狗。"

17年后，马可回到威尼斯，杜纳达竟然真的还在等他。而马可在送阔阔真公主完婚分别时，也许是天意，公主偷偷送给了马可一只大眼睛、长着一身金黄柔毛的美丽小狗。

马可见到杜纳达，微笑着说："杜纳达，我答应你的小狗，带回来了。"

杜纳达闪烁着美丽的蓝眼睛，幸福地笑了。

❧ 见到了会移动的城市 ❧

马可·波罗和父亲、叔叔来到霍尔木兹，一直等了两个月，也没遇上去中国的船只，只好改走陆路。

这是一条充满艰难险阻的路，是让最有雄心的旅行家也望而却步的路。他们从霍尔木兹向东，越过荒凉恐怖的伊朗沙漠，跨过险峻寒冷的帕米尔高原，一路上跋山涉水，克服了疾病、饥渴的困扰，躲开了强盗、猛兽的侵袭，终于来到了中国新疆。

一到这里，马可·波罗的眼睛便被吸引住了：美丽繁华的喀什，盛产美玉的和田，还有处处花香扑鼻的果园。马可他们继续向东，穿过塔克拉玛干沙漠，来到古城敦煌，瞻仰了举世闻名的佛像雕刻和壁画。

接着，他们经玉门关见到了万里长城。最后穿过河西走廊，终于到达了上都——元朝的北部都城。这时已是1275年的夏天，距他们离开祖国已经过了4个寒暑了！

马可突然把马停住，大叫起来："哎呀，1个、2个、3个……不对，总共有七八十个圆形屋顶，它们正顺着小河移动着前进。"

玛杜叔父笑着说："你看，马可，这就是会移动的城市呀！"

原来，蒙古人虽然征服了中国，建立了空前绝后的大帝国，但是，他们本来是游牧民族。他们带着大批牛、马和羊等牲畜，为逐水草而在各地游牧。

那些移动的房子就是蒙古包，他是用木棍搭成房屋架子，把毛毡盖在上面做成房子。当要移动时，就解开捆扎的绳子，掀起毛毡，拆卸屋顶和墙壁，收拢屋架，然后把它们都堆放在车上，用牲口拉走。

他们还有固定式的帐篷，不用拆卸就直接放在车上运走。

游历考察中国各地

马可·波罗的父亲和叔叔向忽必烈大汗呈上了教皇的信件和礼物，并向大汗介绍了马可·波罗。

大汗非常赏识年轻聪明的马可·波罗，特意请他们进宫讲述沿途的见闻，并携他们同返大都，后来还留他们在元朝当官任职。

聪明的马可·波罗很快就学会了蒙古语和汉语。他借奉大汗之命巡视各地的机会，走遍了中国的山山水水，中国的辽阔与富有让他惊呆了。

他先后到过新疆、甘肃、内蒙古、山西、陕西、四川、云南、山东、江苏、浙江、福建以及元大都等地，还出使过越南、缅甸、苏门答腊。

他每到一处，总要详细地考察当地的风俗、地理、人情。在回到大都后，又详细地向忽必烈大汗进行了汇报。

在《马可·波罗游记》中，他盛赞了中国的繁盛昌盛；发达的工商业、繁华热闹的市集、华美廉价的丝绸锦缎、宏伟壮观的都城、完善方便的驿道交通、普遍流通的纸币等。书中的内容，使每一个读过这本书的人都无限神往。

《马可·波罗游记》奇迹诞生

马可·波罗返回故乡时，地中海是欧洲的贸易中心，日渐强大的威尼斯共和国正在和周边国家进行海上贸易争霸战。1298 年，威尼斯和热那亚公国海战爆发。

马可·波罗响应国家号召，拿出自己从中国带回来的细软，也建造了一艘战舰，取名就叫"东方号"。他自任舰长，亲自参战。尽管威尼斯人的坚船利炮屡战屡胜，可偏偏马可参战的那一次失败了。

马可本人当了俘虏，还被热那亚人判了 20 年的监禁。

20 年，我的一生就这么完了吗？同牢的比萨作家鲁思蒂谦看出马可的郁闷，一问才知道他是去过东方的奇人。于是，一部由马可口述，作家操刀整理的《马可·波罗游记》进入撰写日程。

每天，马可越讲越兴奋，作家专心耳听笔录。每天，囚犯们抬直了耳朵倾听，连狱卒也凑过来，听得如醉如痴。讲着讲着，马可誉满牢内牢外，成为街谈巷议的对象。热那亚人这才意识到，此等人才被关在监狱里真是太可惜了。

一年后，马可居然被提前释放了！

年　谱

1254 年，马可·波罗出生在"水上之都"威尼斯。

1260 年，马可·波罗父亲尼古拉和叔叔玛杜从君士坦丁堡前往钦察汗国的首都。

1263 年，马可·波罗父亲尼古拉兄弟终于到达蒙古帝国的首都上都，谒见忽必烈。

1266 年，马可·波罗父亲尼古拉兄弟拿着忽必烈的亲笔函，从上都赶赴威尼斯。

1269 年，马可·波罗父亲尼古拉与玛杜回到威尼斯家中，等候教皇选举结果。

1271 年，马可·波罗随父亲和叔父从威尼斯出发，一起前往中国。

1272 年，波罗一家到达波斯湾的霍尔姆斯港。

1273 年，波罗一行前往帕米尔高原。

1275 年，马可·波罗到达忽必烈驻夏的都市上都。谒见忽必烈后，马可随队返回大都。

1277 年，马可·波罗目睹南宋灭亡。

1278 年，马可·波罗奉命前往蜀、西藏、云南、缅国等进行考察。

1292 年，马可·波罗一行随从嫁到波斯湾的阔阔真公主，从泉州出发沿海路前往霍尔姆斯。

1294 年，马可·波罗到达霍尔姆斯。

1295 年，马可·波罗回到阔别 25 年的家乡威尼斯。

1296 年，马可·波罗与杜纳达结婚。

1298 年，马可·波罗在克鲁左纳岛海战中被热那亚军俘虏。

1299 年，马可·波罗在狱中向《东罗马帝国传奇》作者鲁思蒂谦口述，并形成《马可·波罗游记》。威尼斯与热那亚和解后，马可·波罗获释回到威尼斯。

1306 年，马可·波罗将《马可·波罗游记》送给法国贵族谢波哇藩主迪博。

1324 年 1 月 9 日，马可·波罗逝世。

名 言

● 毁灭自己其实这是可怜虫的诡计。

● 救济贫民是一种善举，总会受到人们赞扬的。

● 胜利不在人数的多寡，而在于勇敢与纪律。因此不要因为敌人的人数较多而感到气馁，应该相信自己的力量。

● 如果说君立是和平与正义之主，就应严格遵守和平与正义，对于任何人所犯的哪怕是最微小的伤害或压迫都应将受到相应的惩罚。

● 当国家面对强敌入侵，我们每个人都要毫不畏惧，要进行积极备战和勇敢反击。

● 正义既然在我们一边，错误就应归到敌人身上。那么，每个人都应当有信心打败敌人。

● 对待真正的敌人，那就是不胜利、毋宁死。所以，我们每个人都要维护荣誉，努力战斗，击败敌人，消灭敌人。

● 老年人要自己的追随者相信，他也是一个先知，如同穆罕默德一样，对于他所喜欢的人，也有准他进入极乐园的权力。

● 只要能够实现国家的意志，即使牺牲自己的生命，也在所不惜。所以，我们在国家利益面前要把自己的生命看得很轻。

● 如果战争的正义在我们这一边，那么我们每个人都要英勇不屈，要通过战争让全世界的人都知道我们在维护正义，我们及我们的子孙也将永远为世人所敬仰。

● 如果真与敌人打起仗来，我们就要十分勇敢，不要看重自己的生命，遇到任何危险都不要后退。

● 圣明君主的伟大品格都能远播各地，所有的人无论住在多么偏远的地方，都愿意服从他的命令。

● 圣明君主凭借公正与德行赢得广大人民的拥护，他所到之处，人民都十分欢悦，都以得到他的保护和恩惠而感到幸福。

● 作为圣明君主，如果哪个家庭遭遇不幸，或某人因孱弱衰老无法谋生，只要知道这些后，就应发给他们必需的消费品。

● 女人要视不贞是一种可耻的罪恶，且是一种最可耻的罪恶。同时，丈夫对妻子的忠诚，也是十分值得赞赏的。

● 女人的注意力应倾注在自己的事业和各种家务事上，如准备家庭所必需的食品、管理家务和看护小孩等。

● 我们在饮食方面要特别讲究清洁，这样才不会病从口入。

● 我们殷勤招待客人，既可给家庭带来幸福，又能平安获得荣誉，这又何乐不为呢？

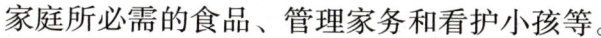

图书在版编目(CIP)数据

马可·波罗/卓德兴编著.—北京:中国社会出版社,2012.9
(2022.6 重印)
(世界名人非常之路)
ISBN 978－7－5087－4150－5

Ⅰ.①马… Ⅱ.①卓… Ⅲ.①马可·波罗(1254~1324)－
生平事迹 Ⅳ.①K835.465.89

中国版本图书馆 CIP 数据核字(2012)第 201474 号

出 版 人:浦善新		策划编辑:侯 钰	
责任编辑:侯 钰		封面设计:张 莉	

出版发行 中国社会出版社　　　　　　地　　址:北京市西城区二龙路甲 33 号
邮政编码:100032　　　　　　　　　编 辑 部:(010)58124867
网　　址:shcbs.mca.gov.cn　　　　发 行 部:(010)58124866
经　　销:各地新华书店

印刷装订:北京华创印务有限公司　　开　　本:170mm×240mm 1/16
印　　张:13　　　　　　　　　　　字　　数:200 千字
版　　次:2012 年 9 月第 1 版　　　　印　　次:2022 年 6 月第 4 次印刷
定　　价:49.80 元

中国社会出版社微信公众号

中国社会出版社天猫旗舰店